Mehr als nur die documenta

Woran denken Sie, wenn Sie den Namen der Stadt Kassel hören? Zweifellos werden die meisten als Erstes die weltberühmte Kunstausstellung documenta vor Augen haben. Sicherlich auch mit Recht: Alle fünf Jahre zieht die documenta (s. S. 18) mehrere Hunderttausend Besucher in die Stadt. Die stets 100 Tage währende Ausstellung ist für die Außendarstellung Kassels von enormer Bedeutung, nicht ohne Grund nennt sie sich auch die „documenta-Stadt".

Das zweite touristische Aushängeschild ist der Bergpark Wilhelmshöhe (s. S. 61). Die atemberaubende Schloss- und Gartenanlage wurde in die Liste der UNESCO-Weltkulturerbestätten aufgenommen.

Vielen Besuchern wird abgesehen von diesen beiden touristischen Flaggschiffen vermutlich nicht viel zu Kassel einfallen. Doch die Stadt hat mehr zu bieten: Die Friedrich-Ebert-Straße im Vorderen Westen (s. S. 58) etwa gilt als Kassels Kiez, an dem sich hippe Kneipen und Cafés, angesagte Restaurants und kleine, inhabergeführte Geschäfte aufreihen. Dieses Viertel blieb von den verheerenden Zerstörungen im Zweiten Weltkrieg weitgehend verschont und viele Jugendstil- und Gründerzeitbauten sind erhalten. Eine noch unterschätzte Perle ist das Schillerviertel im Norden Kassels (s. S. 80). Hier ist Kreativität Trumpf: An zahlreichen Hauswänden ist eine spektakuläre Graffiti-Landschaft entstanden.

Vielseitige Stadtviertel, attraktive Museen, weitläufige Parks, eine lebendige Street-Art-Szene: Kassel bietet einen idealen Mix aus pulsierender Großstadt und idyllischer Landschaft.

Der Autor

Christian Lang, Jahrgang 1987, stammt aus Göttingen. Die geografische Nähe zu Kassel sorgte dafür, dass er bereits in frühen Jahren mehrfach die hessische Stadt besuchte. Die Aufenthalte im knapp 50 Kilometer entfernten Kassel haben bei ihm einen bleibenden Eindruck hinterlassen, allen voran die vielen Grünanlagen haben es ihm angetan und auch in den Jahren danach riss der Bezug zur documenta-Stadt nicht ab.

Zwischen 2007 und 2010 studierte Lang Geschichte und Philosophie in seiner Heimatstadt, anschließend zog es ihn für sein Masterstudium nach Freiburg im Breisgau. Seit 2013 lebt der ausgebildete Redakteur wieder in Niedersachsen, wo er mittlerweile in der Öffentlichkeitsarbeit tätig ist. Noch mehr als das Schreiben liebt er es, auf Reisen zu gehen, um fremde Orte und Kulturen zu entdecken.

078ka-cl

Kassel auf einen Blick

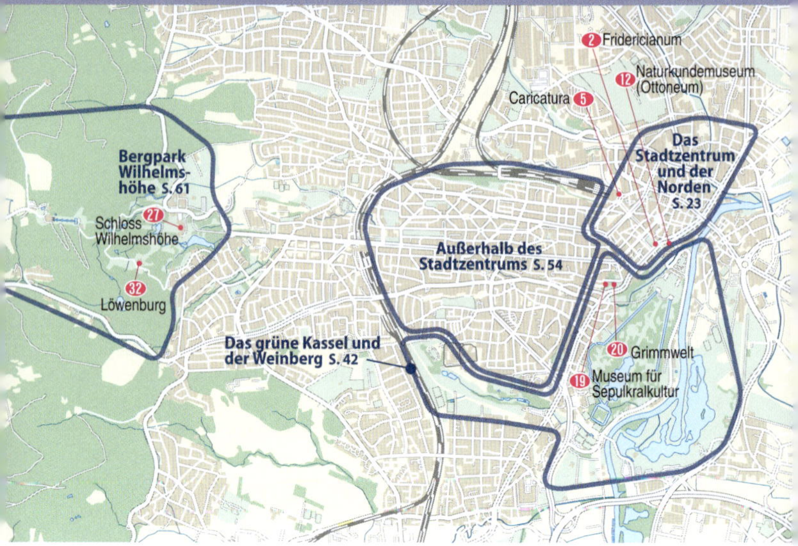

Inhalt

Cleveres Nummernsystem

Die Sehenswürdigkeiten sind im Text und im Kartenmaterial mit derselben **magentafarbenen ovalen Nummer** 1 markiert. Alle anderen Lokalitäten wie Geschäfte, Restaurants usw. tragen ein **Symbol und eine fortlaufende rote Nummer** (**1**). Die Liste aller Orte und die Zeichenerklärung befinden sich im Anhang.

Der Schmetterling ...

... zeigt an, wo man Angebote im Bereich des nachhaltigen Tourismus findet.

Bewertung der Sehenswürdigkeiten

★★★ nicht verpassen
★★ besonders sehenswert
★ wichtig für speziell interessierte Besucher

Planquadrat im Kartenmaterial

[A1] Orte ohne diese Angabe liegen außerhalb unserer Karten. Ihre Lage kann aber wie die aller Ortsmarken mithilfe der begleitenden Web-App angezeigt werden (s. Anhang).

Vorwahlen
- für Deutschland: 0049
- für Kassel: 0561

Updates zum Buch
www.reise-know-how.de/citytrip/kassel23

Danksagung
Ein besonderer Dank gilt meiner Ehefrau Verena, die mich bei diesem Projekt stets unterstützt und mir bei vielen Gelegenheiten den Rücken freigehalten hat. Zahlreiche hilfreiche Tipps zur Stadt Kassel und wertvolle Anregungen für die Recherche habe ich von Heinz Fundner erhalten, dem daher mein großer Dank gebührt. Auch die Zusammenarbeit mit Kassel Marketing hat sich als sehr fruchtbar erwiesen. Herzlich bedanken möchte ich mich zudem bei Jana und Andrea sowie Markus, ohne den ich wahrscheinlich nie die Chance gehabt hätte, dieses Buch zu verfassen.

Der Herkules 34 mit den vorgelagerten Kaskaden ist ein Musterbeispiel barocker Architektur (077ka-cl)

FALTPLAN

»Schreiben Sie uns!

Wir hoffen, dass Ihnen dieser Reiseführer gefällt und er Ihnen ein guter Begleiter auf einer außergewöhnlichen und spannenden Reise ist.

Weil ein Reiseführer von Erfahrungen lebt, sind wir an Ihren Erlebnissen interessiert: Haben Sie im Buch ein Restaurant entdeckt, das es nicht mehr gibt, eine Sehenswürdigkeit, die wir noch nicht aufgeführt haben, oder eine falsche Adresse? Dann schreiben Sie uns!

Wir nehmen jeden Hinweis und jede Kritik ernst und arbeiten kontinuierlich daran, die Bücher aktuell zu halten und immer weiter zu verbessern. Auch wenn wir nicht jeden Wunsch erfüllen können, machen wir uns immer Gedanken über Ihre Anmerkungen.

Schreiben Sie an: info@reise-know-how.de oder Reise Know-How Verlag Peter Rump GmbH, Postfach 140666, 33626 Bielefeld

Wenn sich Ihre Infos direkt auf das Buch beziehen, bitten wir um die Angabe der Seitenzahl und der Auflagennummer bzw. des Erscheinungsjahres. Besonders hilfreiche Beiträge belohnen wir mit einem Sprachführer Ihrer Wahl aus unserer „Kauderwelsch"-Reihe.

Herzlichen Dank und gute Reisen

Ihr Reise Know-How Verlag

Diesem Buch wurde hier ein herausnehmbarer Faltplan beigefügt.
Sollte er beim Erwerb des Buches nicht mehr vorhanden sein, fragen Sie bitte bei Ihrem Buchhändler nach.

Liebe Leserin, lieber Leser,

ein unabhängiger Verlag für unabhängig Reisende – das sind wir, der Reise Know-How Verlag aus Bielefeld, eines der letzten Familienunternehmen in der Branche. Obwohl wir zu den größten Reiseführerverlagen Deutschlands gehören, ist der familiäre Umgang miteinander in allen Bereichen des Verlagslebens zu spüren: In der Geschäftsführung in zweiter Generation, in einer wertschätzenden Arbeitsatmosphäre, in der Nähe zu unseren frei arbeitenden Autorinnen und Autoren, im engen Austausch mit unseren Leserinnen und Lesern – und auch in der Zusammenarbeit mit Druckereien in Deutschland, in denen wir ausschließlich und regional unsere Bücher produzieren. Die sollen schließlich erst mit Ihnen auf große Reise gehen.

Alles, was wir in unsere Bücher und Landkarten stecken, soll Ihnen eines ermöglichen: Auf Ihre ganz eigene, individuelle Weise die Welt zu entdecken. Wir wünschen Ihnen viel Freude und unvergessliche Erlebnisse mit diesem Reiseführer.

Es grüßen herzlich
Peter Rump & Wayan Rump

NICHT VERPASSEN!

2 Fridericianum [O2]
Das klassizistische Fridericianum ist eines der ältesten Museen auf dem europäischen Kontinent. Alle fünf Jahre wird der imposante Bau zum Mittelpunkt der documenta (s. S. 24).

5 Caricatura [N1]
Die „Galerie für Komische Kunst“ ist eines der wichtigsten Komik- und Satirezentren Deutschlands und präsentiert neben Wechselausstellungen auch die besten Cartoons des Jahres (s. S. 29).

12 Naturkundemuseum (Ottoneum) [P2]
Das Ottoneum zählt nicht nur zu den schönsten Gebäuden in Kassel, sondern ist auch das älteste Theatergebäude Deutschlands. Heute beherbergt es das Naturkundemuseum (s. S. 39).

19 Museum für Sepulkralkultur [N3]
Seit über 30 Jahren werden in dem bundesweit einzigartigen Ausstellungshaus die Themen Tod und Totengedenken in den Fokus gerückt (s. S. 48).

20 Grimmwelt [N3]
Die Brüder Grimm und die Stadt Kassel verband eine besondere Beziehung. Mit dem bahnbrechenden Bau auf dem Weinberg wurde den Sprachwissenschaftlern ein Denkmal gesetzt (s. S. 49).

27 Schloss Wilhelmshöhe [D2]
Das klassizistische Schloss beherbergt gleich mehrere Museen. Im Mitteltrakt, der im Verlauf des Zweiten Weltkriegs schwer beschädigt wurde, sind die Gemäldegalerie Alte Meister sowie die Antikensammlung mit einer beeindruckenden Auswahl an antiken Skulpturen beheimatet (s. S. 64).

32 Löwenburg [C2]
Nach jahrelangen Umbauarbeiten ist die schon beim Bau als Ruine konzipierte Löwenburg wieder für Besucher geöffnet. Die 30 Mio. Euro teure Sanierung hat sich gelohnt: Nicht nur die äußere Fassade wurde instandgesetzt, auch die Räume im Innern wurden detailgetreu wiederhergestellt (s. S. 69).

KASSEL ENTDECKEN

002ka-df

Willkommen in Kassel

Langweilig, hässlich und gewöhnlich? Vorurteile über Kassel gibt es reichlich, doch bei näherer Betrachtung erweisen sie sich allesamt als unzutreffend. Allzu häufig werden die Glanzlichter der Stadt auf das UNESCO-Weltkulturerbe Wilhelmshöhe reduziert, doch bei genauerem Hinschauen präsentiert sich Kassel als ein Sammelsurium von beeindruckenden Museen, einladenden Parkanlagen und weltberühmten Kunstwerken. Die Besonderheiten, Attraktionen und ganz speziellen Ecken Kassels lassen sich dabei auf verschiedene Weise erkunden.

003ka-cl

Den Besuchern stehen verschiedene **Fortbewegungsmittel** zur Verfügung. Man hat die Wahl, ganz gemütlich zu Fuß zu gehen, sich an den zahlreichen verschiedenen Stationen ein Rad auszuleihen (s. S. 121) oder auf den gut ausgebauten öffentlichen Nahverkehr (s. S. 129) umzusteigen.

Abgesehen von ein paar Feiertagen und in der Regel montags haben die meisten Besucherattraktionen Kassels geöffnet. In der Innenstadt liegen zahlreiche Sehenswürdigkeiten eng beieinander. Die zentralen Anlaufpunkte wie der **Friedrichsplatz** 2, die **Grimmwelt** 20 oder die **Martinskirche** 8 lassen sich binnen weniger Minuten problemlos erlaufen. Die Weitläufigkeit der Stadt bringt es aber mit sich, dass man bei einigen anderen Sehenswürdigkeiten über eine Alternative zu den eigenen Füßen nachdenken sollte.

Ein Muss bei jedem Besuch ist zweifelsohne der **Bergpark Wilhelmshöhe** (s. S. 61). Für den Weg von der Innenstadt bis zum UNESCO-Weltkulturerbe muss zu Fuß allerdings rund eine Stunde eingerechnet werden. Zwar ist ein Spaziergang auf der prachtvoll gestalteten Wilhelmshöher Allee, die auf einer Länge von rund 4,6 Kilometern schnurstracks vom **Brüder-Grimm-Platz** 22 bis zum Bergpark verläuft, allein schon wegen des Blicks auf **Schloss Wilhelmshöhe** 27 und **Herkules** 34 durchaus lohnenswert. Wer nicht so weit laufen möchte, kann sich aber auch ganz entspannt in eine Tram der Linie 1 setzen, die vom Zentrum über den ICE-Bahnhof bis zum Fuß des Bergparks verkehrt.

Vorseite: Die Doppeltürme der Martinskirche 8 sind eines der Wahrzeichen von Kassel

Kassel lässt sich gut zu Fuß oder auch mit dem ÖPNV erkunden

Kassel an einem Tag

Angesichts der zahlreichen – teilweise recht weitläufig verteilten – Sehenswürdigkeiten in der Stadt ist es nicht einfach, die nordhessische Metropole in nur wenigen Stunden komplett zu erkunden. Um aber einen Eindruck von Kassel zu gewinnen, empfiehlt sich ein Gang durch die Innenstadt, in deren direkter Umgebung sich diverse bedeutende Plätze, Museen und historische Bauwerke befinden. Binnen weniger Minuten erreicht man hier unter anderem mit der **Treppenstraße** 3 eine der ältesten Fußgängerzonen Deutschlands, mit dem **Ottoneum**, das heute als **Naturkundemuseum** 12 genutzt wird, ein Gebäude, das schon Anfang des 17. Jh. als Theater errichtet wurde und mit dem **Fridericianum** 2 eines der ersten öffentlichen Museen auf dem europäischen Kontinent.

Man sollte sich von der vorherrschenden 1950er-Jahre-Architektur im Zentrum nicht täuschen lassen: Sehr wohl gibt es hier Plätze und Gebäude zu bestaunen, die eine jahrhundertealte Tradition vorweisen können.

MEIN TIPP

Die Stadt von oben

An diversen Orten in Kassel kann man einen wunderschönen Panoramablick über die gesamte Stadt genießen. Aufgrund seiner erhöhten Lage bietet sich diesbezüglich vor allem der **Bergpark** (s. S. 61) an. Am Irrgarten neben der **Löwenburg** 32 hat man einen exzellenten Blick auf die gesamte Stadt. Gleiches gilt auch für das **Schloss Wilhelmshöhe** 27. Besucher der **Gemäldegalerie Alte Meister** 29 sollten sich die Zeit nehmen, in den oberen Etagen des Schlosses auch mal aus dem Fenster zu schauen. Die Aussicht lohnt sich! Wenn man den Aufstieg zum **Herkules** 34 geschafft hat, nimmt man von der Aussichtsplattform den Bergpark, die Stadt Kassel und die weitere Umgebung in den Blick.

Auch in der Innenstadt gibt es Möglichkeiten, sich von exponierter Stellung aus einen Überblick über Kassel zu verschaffen. Sowohl vom Turm des **Hessischen Landesmuseums** 23 als auch vom Dach der **Grimmwelt** 20 kann man den Blick herrlich schweifen lassen.

Blick von oben auf den Friedrichsplatz 2

004ka-cl

Auch das **Rathaus** 1 mit dem markanten Aschrottbrunnen vor dem Gebäude, die **Martinskirche** 8, der **Altstädter Friedhof** 6, auf dem unter anderem die Mutter und die Schwester der Brüder Grimm begraben liegen, und die **Alte Brüderkirche** 11 mit angrenzendem **Renthof** gehören dazu.

Der zentrale Platz in der Innenstadt ist der **Friedrichsplatz** 2. Hier sind nicht nur diverse documenta-Kunstwerke zu bestaunen, sondern hier befinden sich neben dem **Fridericianum** 2 und dem **Naturkundemuseum** 12 auch das imposante **Staatstheater** 13 und die **documenta-Halle** (s. S. 20). Gleichzeitig kann man vom Friedrichsplatz auch gut die weitläufige Karlsaue mit dem barocken **Orangerieschloss** 14 anpeilen, die sich für ausgedehnte Spaziergänge eignet.

Ein paar Kilometer außerhalb des Zentrums gelegen, befindet sich der **Bergpark Wilhelmshöhe** (s. S. 61). Hier kann man eine Vielzahl spektakulärer Sehenswürdigkeiten betrachten und gleichzeitig einen hervorragenden Blick auf die gesamte Stadt genießen. Allein schon das Schloss Wilhelmshöhe 27 mit der **Antikensammlung** 28 und der **Gemäldegalerie der Alten Meister** 29, die imposante und mittlerweile wieder für Besucher geöffnete **Löwenburg** 32 sowie die mehr als acht Meter hohe Kupferstatue des **Herkules** 34 lohnen den Abstecher in den Kasseler Westen.

Wer zwischen Mai und Oktober an einem Mittwoch, Sonntag oder Feiertag den Bergpark aufsucht, wird bemerken, dass sich hier noch deutlich mehr Menschen als sonst tummeln. Tausende versammeln sich dann nachmittags im Park, um den spektakulären **Wasserspielen** 33 beizuwohnen – ein Programmpunkt, den man sich nicht entgehen lassen sollte.

Generell gilt aber: Will man diese Sehenswürdigkeiten nicht nur abhaken, sondern auch erleben, sollte man sich noch mindestens ein oder zwei Tage länger in der Stadt aufhalten.

Das Fridericianum 2 gilt als erster rein klassizistischer Bau Deutschlands

Das gibt es nur in Kassel

Wanderfreunde kommen auf dem **Kassel-Steig** auf ihre Kosten. Der knapp 160 km lange Panoramaweg rund um das Kasseler Becken führt auf zwölf Etappen durch malerische Flusstäler, romantische Waldgebiete und spektakuläre Höhenzüge. Beginn und Endpunkt der Tour, auf der stolze 3000 Höhenmeter zu bewältigen sind, ist der Herkules 34 im Bergpark. Die Einzelstrecken sind mit öffentlichen Verkehrsmitteln zu erreichen (www.kassel-steig.de).

Nachbarn und Garteninteressierte haben im Vorderen Westen eine ungenutzte Rasenfläche in einen lebendigen Stadtgarten und einen Ort der Begegnung umgewandelt. Initiiert durch eine Künstlergruppe im Zuge der documenta 13, gibt es auf dem unterhalb der Stadthalle befindlichen, 1200 Quadratmeter großen **Gemeinschaftsgarten Huttenplatz** reichlich zu sehen. Gemüsebeete, Blumenwiesen, Insektenhotel, Kräuterspirale und Wurmkiste: Die Anwohner haben ohne große Vorkenntnisse ein buntes Gartenbiotop geschaffen, das jedem offensteht. Mit diesem Projekt sollen der Gemeinschaftsgedanke gefördert und die Nachbarschaft näher zusammengebracht werden.

•1 [dh] **Gemeinschaftsgarten Huttenplatz**

Kassel darf sich nicht nur documenta-Stadt, sondern auch **Hauptstadt der Deutschen Märchenstraße** nennen. Die gesamte Route, bei der man Lebensstationen der Brüder Grimm und die Orte ihrer Märchen passiert, ist rund 700 Kilometer lang und führt von Hanau bis zu den Bremer Stadtmusikanten. Da die berühmten Sprachwissenschaftler lange Jahre in Kassel gewohnt und gearbeitet haben, fällt der Stadt als Herz dieser märchenhaften Entdeckungsreise eine besondere Bedeutung zu. Beliebt ist die Route nicht nur hierzulande: So gehören auch Gäste aus Amerika und Asien zu den wachsenden Besuchergruppen. Mehr Informationen zu den Routen, Orten, die passiert werden, und zu Führungen sind unter www.deutsche-maerchenstrasse.com erhältlich.

Zahlreiche Messen, Kongresse und Konzerte finden jedes Jahr auf dem Messegelände im Südosten Kassels statt. Ein besonderer Termin im Veranstaltungskalender ist dabei die **Bundesvogelschau,** Deutschlands größte Vogelausstellung, bei der die Züchter ihre Sittiche, Papageien, Waldvögel und weiteren seltenen Tiere präsentieren (s. S. 100).

006ka-cl

Die Brüder Grimm (s. S. 55) sind an vielen Stellen der Stadt präsent

Kurztrip nach Kassel

1. Tag

Vormittags

Warum im Hotel frühstücken, wenn es doch in Kassel eine so hohe Dichte an empfehlenswerten Cafés gibt? In der Innenstadt bieten unter anderem das **Café Nenninger** (s. S. 87) und das **Stadtcafe** (s. S. 88) ein vielfältiges Angebot für einen guten Start in den Tag.

Nach der morgendlichen Stärkung steht der Vormittag ganz im Zeichen des Zentrums. Hier reihen sich zahlreiche Sehenswürdigkeiten wie das **Rathaus** ❶ oder die **Treppenstraße** ❸ aneinander, sodass die Zeit wie im Flug vergeht. Nach einer Besichtigung des **Friedrichsplatzes** ❷ mitsamt dem beeindruckenden Museum **Fridericianum** ❷ und dem **Naturkundemuseum** ⓬ lohnt sich ein Besuch in der historischen Altstadt. Diese wurde zwar im Zweiten Weltkrieg weitgehend zerstört, traditionsreiche Bauwerke wie die schon von Weitem sichtbare **Martinskirche** ❽, der **Druselturm** ❾ und die **Alte Brüderkirche** ⓫ vermitteln aber einen Eindruck davon, wie die Stadt vor dem Krieg ausgesehen hat. In direkter Umgebung lockt auch die **Markthalle** ❿, eine der schönsten ihrer Art in Deutschland, mit einem breiten Angebot an frischen Speisen.

Nachmittags

Nach dem Mittagessen ist es Zeit für das grüne Kassel. Zunächst bietet es sich an, von der **Markthalle** ❿ in Richtung Rondell zu gehen, um dort entspannt am Fulda-Ufer entlang zu schlendern. Dort erreicht man zunächst die **Spitzhacke** (s. S. 22), eine zwölf Meter hohe und fünf Tonnen schwere Stahlskulptur des Künstlers Claes Oldenburg für die documenta im Jahr 1982. Nur wenige Meter weiter befindet man sich in der 125 Hektar großen **Karlsaue**, in der man diversen interessanten Aktivitäten nachgehen kann. Das prachtvolle **Orangerieschloss** ⓮ beherbergt ein großes **Planetarium.** Den Besuchern wird hier in regelmäßigen Vorführungen ein beeindruckender Blick auf die Sterne ermöglicht. Aber auch außerhalb des Schlosses kann man sich vom Weltall fesseln lassen: Über den **Planetenwanderweg** (s. S. 44) erreicht man die idyllische Schwaneninsel mit dem kleinen Tempel in der Mitte.

Nur wenige Gehminuten entfernt kann man sich auf der **Blumeninsel Siebenbergen** ⓰ an einem farbenfrohen Blütenmeer ergötzen und daran anschließend einen Abstecher zum **Weinberg** (s. S. 42) südwestlich des Stadtzentrums machen. Von dort aus kann man nicht nur einen herrlichen Blick auf die Umgebung genießen, auch Freunde von Kunst und Kultur kommen hier voll auf ihre Kosten – unter anderem bei einem Besuch der nicht nur wegen ihrer Architektur spektakulären **Grimmwelt** ⓴, des **Museums für Sepulkralkultur** ⓳ oder der **Neuen Galerie** ㉑.

Abends

Die vielen frisch gewonnenen Eindrücke sollte man danach bei einem leckeren Abendessen verarbeiten. Nur wenige Gehminuten vom Weinberg findet man mit dem **Humboldt 1a** (s. S. 84), **Lohmann** (s. S. 84) oder dem **Eckstein** (s. S. 83) vorzügliche Adressen, um den Tag mit guten Speisen abzurunden. Daneben locken im Bereich der Innenstadt aber auch noch eine Vielzahl weiterer empfehlenswerter Lokale, bei deren Angeboten für jeden Geschmack etwas dabei sein dürfte. Wer dann noch nicht erschöpft ins Hotelbett fällt, sollte nachschauen, ob im **Staatstheater** 13 ein interessantes Schauspiel, eine Oper oder eine Tanzaufführung auf dem Programm steht oder im **Theaterstübchen** (s. S. 91) ein Konzert den perfekten Abschluss des Tages darstellen würde.

2. Tag

Vormittags

Der zweite Tag gehört zunächst der Kasseler Nordstadt, in der auch einige Cafés, wie das **Café Nordpol** (s. S. 88) und das **Café Hurricane** (s. S. 87) mit ihren Frühstücksvariationen dafür sorgen, dass man nicht hungrig starten muss. Dass man hier viele junge Leute antrifft, liegt im Wesentlichen an der Universität, die am Holländischen Platz beheimatet ist. An diesem Standort befand sich noch vor ein paar Jahrzehnten ein großes Werk der Firma Henschel. Teilweise recht bedrückend, aber dennoch sehr empfehlenswert ist der **Weg der Erinnerung** 7, der die industrielle Vorgeschichte des heutigen Campus ins Gedächtnis rufen soll – eine Geschichte, die auch vom Missbrauch von Wissenschaft und Technik geprägt wurde. Schließlich waren zahlreiche Wissenschaftler an der ideologischen und praktischen Vorbereitung der NS-Verbrechen beteiligt.

Auf den ersten Blick mag der Kasseler Norden zwar nicht das hübscheste Fleckchen der Stadt sein, doch hier pulsiert die junge und alternative Szene, die sich mit kreativen Mitteln für eine (kulturelle) Veränderung Kassels einsetzt. Abstecher zu den bunt bemalten Unterführungen am Holländischen Platz oder zu den **Graffiti im Schillerviertel** (s. S. 80) verdeutlichen dies.

Nachmittags

Der **Bergpark Wilhelmshöhe**, der mit der Straßenbahnlinie 1 zu erreichen ist, bietet derart viele Sehenswürdigkeiten, dass man gut und gerne einen kompletten Tag dort zubringen könnte, ohne dass einem langweilig würde. Man kann beispielsweise ganz entspannt am **Lac** 26 entlangspazieren und die grüne Umgebung genießen oder am Rand des Bergparks einen Streifzug durch das

007ka-cl

Die Neue Galerie 21 beherbergt beeindruckende Gemälde und Skulpturen

Villenviertel Mulang 25 unternehmen. Kunstfreunde kommen dagegen im Schloss Wilhelmshöhe 27 mit der **Antikensammlung** 28 und der **Gemäldegalerie Alte Meister** 29 voll auf ihre Kosten. Sehr empfehlenswert ist auch eine Führung durch die als Ruine konzipierte **Löwenburg** 32, die in den vergangenen Jahren umfassend saniert wurde.

Man kann sich beim Spazierengehen aber auch einfach treiben lassen – ohne die Angst haben zu müssen, man würde etwas verpassen. Denn ständig stößt man im Bergpark Wilhelmshöhe auf einen kleinen Wasserfall, eine Grotte oder einen Tempel, die allesamt sehenswert sind. Hat man den durchaus anstrengenden Aufstieg zum **Herkules** 34, dem Kasseler Wahrzeichen, geschafft, kann man sich anschließend mit einem kühlen Getränk oder einer leckeren Speise im Biergarten der **Kaskadenwirtschaft Grischäfer** (s. S. 89) von den Strapazen erholen und dort die idyllische Umgebung genießen.

Abends

Kassels Kiez, der **Vordere Westen** 24, ist wie dafür gemacht, um hier einen schönen Abend zu verbringen. An fast jeder Ecke befinden sich angesagte Restaurants und Bars, in denen man den Tag ausklingen lassen kann. Wer typisch nordhessische Spezialitäten probieren möchte, dem sei das Lokal **Zum Lichtenhainer** (s. S. 85) empfohlen. Ansonsten lassen sich problemlos auch weitere Anlaufpunkte für andere Geschmäcker finden. Asiatische Küche, spanische Tapas, Italienische Pasta und Pizza: Im Vorderen Westen muss niemand hungrig bleiben.

Auch danach hat man die Qual der Wahl. Mit einem Bier in der Hand einem Livekonzert beizuwohnen, ist regelmäßig in den urigen Kneipen **Joe's Garage** (s. S. 90) oder **The Shamrock** (s. S. 90) möglich. Bei einem Cocktail in der stilvollen **Bar Seibert** (s. S. 90) kann man den aufregenden Tag aber genauso gut genüsslich abschließen.

008ka-cl

Stadtspaziergang

Einen vorzüglichen Startpunkt für einen rund **drei- bis vierstündigen Spaziergang** durch Kassel bietet das **Rathaus** ❶ mitsamt des Aschrottbrunnens. Von hier aus betritt man die Obere Königsstraße, die Hauptflaniermeile der Stadt, die mit ihren Geschäften und Cafés zum Bummeln und Verweilen einlädt. In direkter Nähe befindet sich auch die Tourist-Information in der Wilhelmsstraße (s. S. 116).

Nach wenigen Hundert Metern erblickt man auf der rechten Seite den beeindruckenden **Friedrichsplatz** ❷. Hier sind unter anderem die documenta-Außenkunstwerke „Die Fremden“ und „Vertikaler Erdkilometer“ (s. S. 22) sowie als Herzstück das **Fridericianum** ❷, der erste rein klassizistische Bau Deutschlands, zu finden.

In Höhe des Friedrichsplatzes schwenkt man links auf die **Treppenstraße** ❸, die mit dem stets gut besuchten **Stadtcafe** (s. S. 88), kleinen Geschäften auf beiden Seiten, dem Obelisk von Olo Oguibe und kleinen Grünflachen für ein besonderes Flair sorgt. Folgt man dieser Straße, erreicht man nach kurzer Zeit den Kulturbahnhof, in dem auch die **Caricatura** ❺ beheimatet ist. Auf dem Vorplatz des Bahnhofs wird man vom imposanten Kunstwerk „Man walking to the Sky“ („Himmelsstürmer“, s. S. 21) empfangen, ehe es am geschichtsträchtigen Hotel Reiss (s. S. 127) vorbeigeht und man der Werner-Hilpert-Straße in nordöstlicher Richtung folgt. Nach wenigen Metern kreuzt auf der linken Seite die Erzbergerstraße. Folgt man ihr, stößt man auf die **älteste Videothek der Welt** (s. S. 30). Verschiedene großformatige **Graffitis** – u. a. am ehemaligen Hotel Lengen – illustrieren, mit welch kreativen Maßnahmen das Schillerviertel von einem industriell geprägten Quartier zu einem Ort des künstlerischen Austauschs aufgewertet wurde.

009ka-cl

Die knapp 300 Meter lange Treppenstraße

Chinesisches Flair: die Pagode ㉕ *am südlichen Rand des Bergparks*

Routenverlauf im Stadtplan

Der hier beschriebene Spaziergang ist mit einer farbigen Linie im Stadtplan eingezeichnet.

Geht man nun den Grünen Weg nach rechts, erreicht man den Lutherplatz mit dazugehöriger Kirche und dem kleinen **Altstädter Friedhof** 6, auf dem auch Mitglieder der Familie Grimm ihre letzte Ruhestätte gefunden haben. Schon von Weitem ist die **Martinskirche** 8 anhand ihrer markanten Doppeltürme zu erkennen. Man erreicht sie, wenn man auf die Untere Königsstraße und dann auf den Martinsplatz abbiegt. Über die Mittelgasse und den Entenanger in Richtung Fulda wartet die nächste Attraktion: die **Markthalle** 10, die zwischen Donnerstag und Samstag mit kulinarischen Spezialitäten lockt.

Auf dem Weg zum Fluss überquert man die Brüderstraße. Dort trifft man zunächst auf den historischen **Renthof** 11 und anschließend auf das **Rondell,** einen ehemaligen Geschützturm, auf dessen Plattform sich ein beliebter Biergarten (s. S. 89) befindet. Man folgt den Spuren des historischen Kassel, indem man in südlicher Richtung am Fulda-Ufer entlanggeht. Nachdem man das documenta-Kunstwerk „Spitzhacke" passiert hat, erreicht man einen weitläufigen Landschaftspark barocken Ursprungs: den **Staatspark Karlsaue.** Vom **Orangerieschloss** 14 aus kann man herrlich durch die Grünanlage flanieren und stößt nach etwas mehr als einem Kilometer auf den **Aueteich** mit der kleinen **Schwaneninsel,** die mit dem klassizistischen Tempel in der Mitte bereits aus einiger Entfernung zu erkennen ist. Wenn man sich an dieser Stelle noch nicht von der Karlsaue trennen möchte, empfiehlt sich ein Abstecher zur **Blumeninsel Siebenbergen** 16 oder zum Naherholungsgebiet Fuldaaue. Ansonsten führt der Weg wieder zurück in Richtung Orangerie: Vom **Marmorbad** 15 aus führen Treppenstufen zum „Rahmenbau", einem Kunstwerk, das das Künstlerkollektiv Haus-Rucker-Co für die documenta 6 erschaffen hat.

Wieder am Friedrichsplatz angekommen, blickt man nach rechts auf die **documenta-Halle** (s. S. 20), das **Staatstheater** 13 und das **Ottoneum** 12. Nach links geht es nun am

010ka-df

AOK-Gebäude vorbei auf der Straße Schöne Aussicht entlang, wo man – wie es der Name schon verrät – einen wunderbaren Blick auf die Karlsaue genießen kann. Nach wenigen Minuten trifft man hier auf die **Neue Galerie** 21. Links neben ihr steht ein kleiner freistehender Rundtempel – der sogenannte Frühstückspavillon. Treppenstufen führen über die Frankfurter Straße zum Weinberg, wo man direkt auf den schönen Fürstengarten zuläuft. Auf der linken Seite erhebt sich die beeindruckende Architektur der **Grimmwelt** 20.

Folgt man der Weinbergstraße nach rechts an der Landes- und Murhardschen Bibliothek (s. S. 57) vorbei, kommt man zum **Brüder-Grimm-Platz** 22 mit dem **Hessischen Landesmuseum** 23 und zu den beiden Torwachen an der Wilhelmshöher Allee, der man zunächst nach links folgt. Biegt man dann nach rechts auf die Ulmenstraße ab, erreicht man nach wenigen Gehminuten die langgezogene **Friedrich-Ebert-Straße,** die den Abschluss des Spaziergangs bildet. Es ist durchaus lohnenswert, sich die Zeit zu nehmen, diese Szenemeile entlangzulaufen. Im **Vorderen Westen** 24 gibt es nicht nur viele prachtvolle Bauwerke aus der Gründerzeit oder kleine Boutiquen zu entdecken, sondern auch diverse charmante Restaurants und Cafés, die nach dem Stadtspaziergang ideale Möglichkeiten zum Einkehren bieten. Am Schluss der kilometerlangen Flaniermeile wartet der Ende des 19. Jahrhunderts von Sigmund Aschrott angelegte **Aschrottpark** [c–dh], der mit seinen gepflegten Wegen zu einem Spaziergang im Grünen einlädt und mit seinen Bänken die Möglichkeit zu einer Rast bietet. Wer von dort nicht mehr in die Innenstadt zurücklaufen möchte, kann die öffentlichen Verkehrsmittel in Anspruch nehmen. Die Haltestelle Wintershall an der Friedrich-Ebert-Straße befindet sich nur knapp 200 Meter vom Aschrottpark entfernt (Tram-Linie 4). Alternativ ist auch der Bahnhof Wilhelmshöhe in nur wenigen Gehminuten in südwestlicher Richtung zu erreichen.

011ka-df

Im Vorderen Westen 24 trifft man auf viele charmante Altbauten

Der Staatspark Karlsaue (s. S. 42) ist eine grüne Oase mitten in der Stadt

Kassel, die documenta-Stadt

Was 1955 als Beiprogramm für die Bundesgartenschau ihren Ursprung nahm, hat sich im Lauf der Jahrzehnte zur weltweit bedeutendsten Ausstellung für zeitgenössische Kunst entwickelt. Die Rede ist natürlich von der documenta, die die nordhessische Stadt alle fünf Jahre zur Kulturmetropole werden lässt. Wegen ihrer charakteristischen Laufzeit wird die Ausstellung auch als „Museum der 100 Tage" bezeichnet. Die 15. Ausgabe 2022 dürfte vor allem wegen eines politischen Eklats im Gedächtnis bleiben.

Begründet wurde die documenta vom Kasseler Maler, Raumkünstler und Hochschullehrer **Arnold Bode**, der schon lange die Vision verfolgte, eine internationale Großausstellung moderner Kunst in Deutschland auszurichten. Dabei ging es ihm auch darum, die im NS-Regime verfemte Avantgarde in die Bundesrepublik Deutschland zurückzuholen.

Bode, der selbst im Dritten Reich mit einem Berufsverbot belegt worden war, gelang es zusammen mit seinem Mitstreiter **Werner Haftmann** trotz aller Widerstände, 670 Exponate im **Fridericianum** 2 auszustellen und der kriegszerstörten Stadt dadurch zu neuem Leben zu verhelfen. Wie die Kunstausstellung zu ihrem Namen kam, ist nicht vollkommen geklärt. Arnold Bode, der noch die nächsten beiden documenta-Ausgaben in den Jahren 1959 und 1964 leiten sollte, reklamierte die Wortschöpfung jedenfalls für sich. Als er mit den Begriffen „Dokumente" und „Dokumentation" herumgespielt habe, sei ihm demnach das schlankere Wort „documenta" eingefallen. Seitdem hat die Schau zahlreiche Veränderungen durchlaufen und sich dabei auch als wichtigster Ort für den Start von Künstlerkarrieren etabliert.

Die documenta ist **Gradmesser für aktuelle Trends in der zeitgenössischen Kunst**, darüber hinaus beziehen die Künstler mit ihren Werken auch häufig Stellung zu aktuellen politischen und sozialen Themen, wodurch nicht selten schon größere Debatten und Diskussionen angeregt wurden. Nicht immer stoßen die Kunstwerke dabei direkt auf unmittelbare Gegenliebe. Seit ihrem Start regt die documenta zum Widerspruch an. Unvergessen bleiben beispielsweise die Proteste der Kasseler Bevölkerung im Jahr 1977, als für den „Vertikalen Erdkilometer" ein 25 Meter hoher Bohrturm auf dem Friedrichsplatz aufgebaut wurde. Auch in der lokalen Politik war die Ausstellung wegen ihrer hohen Kosten zunächst umstritten.

In vielerlei Hinsicht profitiert Kassel aber von der Ausstellung. So darf sich die nordhessische Metropole seit 1999 offiziell **„documenta-Stadt"** nennen, ein Profil von sehr großem Wert für die gesamte Region. Nicht nur aus Marketinggründen, sondern auch in wirtschaftlicher Hinsicht ist die Ausstellung kaum noch aus der Stadt wegzudenken. Hotels, Gastronomie und der Handel können sich dank der zahlreichen Besucher über wachsende Umsätze freuen. Auch die Einwohner Kassels, die der documenta in früheren Zeiten teilweise eher reserviert gegenübergestanden haben, identifizieren sich mittlerwei-

Das Documenta-Kunstwerk „Die Fremden" (s. S. 20) thematisiert Flucht und Ausgrenzung

le mit ihr. Ein paar Zahlen verdeutlichen, wie sich die Ausstellung in den vergangenen Jahrzehnten entwickelt hat: Lag die Besucherzahl zur Premiere noch bei rund 130.000, so wurde 2017 zur documenta 14, die nicht nur in Kassel, sondern auch in Athen stattfand, erstmals die magische Grenze von einer Million Gästen geknackt. Im gleichen Zeitraum hat sich das Budget der Kunstausstellung von knapp 400.000 Mark auf mehr als 30 Millionen Euro erhöht. Bei der **documenta 15** im Jahr 2022 lag es sogar bei mehr als 42 Millionen Euro.

Diese Ausrichtung wurde allerdings von massiven **Antisemitismusvorwürfen** gegen das indonesische Künstlerkollektiv Ruangrupa überschattet. Eigentlich waren mit deren Beauftragung als künstlerische Leitung große Hoffnungen verbunden worden: Die documenta 14 im Jahr 2017 hatte nicht nur ein millionenschweres Defizit hinterlassen, sondern war auch als zu didaktisch, schwer verständlich und eurozentristisch kritisiert worden. Die documenta 15, so zumindest die Hoffnung, sollte dagegen mit dem Künstlerkollektiv ein Zeichen für Diversität und Toleranz setzen.

Bereits vor der Schau wurde Ruangrupa jedoch mit Antisemitismusvorwürfen konfrontiert. Diese Kritik sollte sich während der laufenden Ausstellung zu einem handfesten Skandal ausweiten, da sich diverse Kunstwerke und Filme rassistischer und antizionistischer Motive und Botschaften bedienten. Die Besucherzahlen blieben klar hinter dem Rekordwert der vorherigen Kunstschau zurück. Die Verantwortlichen werteten die rund 738.000 Besucher dennoch als ein sehr gutes Ergebnis – insbesondere vor dem Hintergrund der Coronapandemie.

Als zentraler Ort der Kunstausstellungen dient seit ihrer ersten Auflage das Museum **Fridericianum** (2). 1992 kam die zur neunten Ausgabe errichtete documenta-Halle als weiterer Ausstellungsort hinzu. Daneben wurden in der Vergangenheit aber auch immer mal wieder andere Museen und Räumlichkeiten als Ergänzung genutzt, unter anderem der **Weinbergbunker** (s. S. 42), das **Gloria-Kino** (s. S. 91), das **Kulturzentrum Schlachthof** (s. S. 91), die **Orangerie** (14) oder das **Ballhaus** (30).

An vielen Stellen der Stadt trifft man auf hochkarätige documenta-Installationen, die aufgrund von Schenkungen oder Erwerbungen erhalten geblieben sind. Die verschie-

012ka-cl

denen Kunstwerke im öffentlichen Raum markieren wichtige Stationen in der Geschichte der Ausstellung. Im Folgenden werden einige davon vorgestellt:

•2 [O3] **documenta-Halle,** Friedrichsplatz 18, Tel. 70720

› **7000 Eichen,** www.7000eichen.de. „Stadtverwaldung statt Stadtverwaltung", lautet das Motto dieses berühmten Projekts von Joseph Beuys, das zur documenta 7 (1982) der Öffentlichkeit vorgestellt und fünf Jahre später zur nächsten Auflage der Kunstausstellung fertiggestellt wurde. Das Geschrei in der Stadt war zu Beginn aber groß, als 7000 Basaltblöcke auf dem Friedrichsplatz abgeladen wurden. Beuys erklärte, dass jeder dieser Blöcke entfernt werden würde – sofern man sich dazu bereit erkläre, die Kosten für die Pflanzung eines Baums zu übernehmen. Sein Plan ging auf: Innerhalb weniger Jahre wurden im gesamten Stadtgebiet insgesamt 7000 neue Bäume gepflanzt. Daneben wurde jeweils ein Basaltstein aufgestellt.

014ka-cl

★3 [N1] **Alter Bahnhof Video Walk.** Die Geschichte des früheren Hauptbahnhofs am Rainer-Dierichs-Platz lässt sich dank des Projekts der kanadischen Künstler Janet Cardiff und George Bures Miller für die documenta 13 (2012) hautnah erleben. Dazu muss man sich dort nur einen tragbaren Mediaplayer mitsamt Kopfhörer ausleihen. Auf dem Bildschirm ist ein Video, bestehend aus historischen Aufnahmen und zuvor gefilmten Szenen, zu sehen, das die Vergangenheit des Areals erlebbar macht. Das Besondere dabei: Den Spaziergängern wird jeweils der Ort angezeigt, an dem sie sich in diesem Moment auch befinden. Dabei soll eine Atmosphäre der Gleichzeitigkeit entstehen, bei der sich Vergangenheit und Gegenwart überlagern.

★4 [O2] **Die Fremden,** Friedrichsplatz. Auf dem Säulenportal des ehemaligen kurfürstlichen Residenzpalais am Friedrichsplatz (heute: Modehaus „das macht SINN") sind drei Figuren aus Keramik zu sehen, die der deutsche Künstler Thomas Schütte zur documenta 9 (1992) geschaffen hat. Die dargestellten Menschen tragen folkloristisch bunte Kleidung und führen wenige Habseligkeiten mit sich. Niedergeschlagen blicken sie auf den Platz vor ihnen, ohne am städtischen Leben teilnehmen zu können. Der Künstler thematisiert mit dem Werk Ausgrenzung und fehlende Integration – Themen, die in den vergangenen Jahrzehnten kaum an Aktualität eingebüßt haben.

★5 [O3] **Idee di Pietra.** Etwas unscheinbar am Rande der Karlsaue befindet sich

◁ *Joseph Beuys ließ in Kassel Tausende Eichen pflanzen*

diese neun Meter hohe Bronzefigur, die als erstes Kunstwerk der documenta 13 (2012) aufgestellt wurde. Entworfen hat den kahlen Baum, der in seiner Krone einen drei Tonnen schweren Granitfindling trägt, der italienische Künstler Giuseppe Penone. In der Bevölkerung ist das Werk, das als Objekt auf der Grenze zwischen Natur und Kunst fasziniert, daher auch vor allem unter dem Namen „Penone-Baum“ bekannt.

› **Laserscape.** Seit mehr als 45 Jahren erhellt dieser Beitrag des Düsseldorfer Künstlers Horst H. Baumann zur documenta 6 (1977) an jedem Samstag den Kasseler Nachthimmel. Vom Einbruch der Dunkelheit bis circa ein Uhr nachts verbindet das erste permanente Laser-Lichtkunstwerk der Welt verschiedene historische Gebäude der Stadt miteinander. 2007 musste die Anlage erneuert werden. Um die dafür benötigten finanziellen Mittel zu generieren, wurde eine besondere Spendenaktion ins Leben gerufen: Jeder Meter der 7,5 Kilometer langen Laserstrecke konnte von den Bürgern der Stadt „gekauft“ werden.

★**6** [N1] **Man Walking to the Sky,** Rainer-Dierichs-Platz 1. Viel Anklang bei den Kasseler Bürgern als Symbol des Aufstiegs findet dieses auch „Himmelsstürmer“ genannte Kunstwerk, das Jonathan Borofsky für die documenta 9 im Jahr 1992 geschaffen hat. Damals noch in der Mitte des Friedrichsplatzes beheimatet, steht das 25 m lange Stahlrohr mit einem himmelwärts aufsteigenden Mann aus Fiberglas mittlerweile vor dem Kulturbahnhof. Das weibliche Pendant zur Kasseler Skulptur, „Woman walking to the sky“, ist in Straßburg ausgestellt.

★**7** [O2] **Obelisk,** Treppenstraße. Der Obelisk des nigerianisch-amerikanischen Künstlers Olu Oguibe ist mittlerweile nicht mehr aus der Treppenstraße wegzudenken. In den vergangenen Jahren hat sich das Kunstwerk zu einem beliebten Treffpunkt in der Stadt entwickelt. Bevor der Obelisk, der sich den Themen Flucht und Migration widmet, im April 2019 hier aufgebaut wurde, hatte es monatelange Diskussionen über den Standort gegeben. Das 16,20 Meter hohe Monument zur documenta 14 trägt die Inschrift „Ich war ein Fremdling und ihr habt mich beherbergt“ – und das in vier Sprachen: deutsch, englisch, türkisch und arabisch.

★**8** [O3] **Rahmenbau.** Vom Künstlerkollektiv Haus-Rucker-Co zur documenta 6 (1977) errichtet, betont die begehbare Installation an der Ostseite des Friedrichsplatzes den Ausblick auf die Karlsaue. Sie besteht aus einem großen, senkrecht aufgestellten Stahlgitterrahmen und einem viel kleineren Rahmen aus Messing. Durch die Konstruktion soll ein Teil der Wirklichkeit als optische Feineinstellung ausgeschnitten und zu einem Landschaftsbild transformiert werden.

013ka-cl

⌃ *Beeindruckend: „Man Walking to the Sky“ vor dem Kulturbahnhof*

015ka-cl

Mein Tipp

Rundgänge zu den documenta-Kunstwerken

Die verschiedenen Kunstwerke sind nicht nur gut zu Fuß zu erreichen, sondern werden auch in Form von drei unterschiedlich langen **Audio-Rundgängen** erlebbar gemacht. Auf der Website www.documenta-historie.de oder über die App izi.Travel (kostenlos für iOS und Android) kann man mit dem Smartphone oder dem Tablet die Routen auswählen. Die kürzeste davon ist rund einen halben Kilometer, die längste 5,8 Kilometer lang. Der digitale Guide führt in deutscher oder englischer Sprache zu den einzelnen Kunstwerken und liefert dabei Informationen zur jeweiligen Installation. So kann man den Parcours von Anfang bis Ende folgen oder die Tour an einem beliebigen Werk beginnen. Ein kostenloser Flyer zu diesem Angebot ist unter anderem in der Tourist-Information (s. S. 116) oder im Museum Fridericianum 2 erhältlich.

★9 [P3] **Spitzhacke,** Auedamm 20B. Erbaut vom schwedisch-amerikanischen Künstler Claes Oldenburg für die documenta 7 im Jahr 1982. Die 12 m hohe und 5 t schwere Stahlkonstruktion am Fulda-Ufer soll an Kassels Wiederaufbau nach dem Zweiten Weltkrieg erinnern. Gleichzeitig kreiert Oldenburg mit diesem überdimensionierten Werkzeug den Mythos, der Herkules im Bergpark habe die Spitzhacke dorthin geschleudert.

★10 [O3] **Three to one,** Friedrichsplatz 14, geöffnet Mo.–Mi., Fr. 8.30–16.30, Do. 8.30–18, Sa. 9–13 Uhr. Kaum ein anderes Bauwerk in Kassel verkörpert die Architektur der 1950er-Jahre wie das denkmalgeschützte Verwaltungsgebäude der AOK am Friedrichsplatz. Dabei beeindruckt der von Konrad Proll geplante Bau v. a. mit der freitragenden, geschwungenen Treppe im Innern. Zur documenta 9 (1992) hat der Künstler Max Neuhaus im markanten Treppenhaus eine elektronisch erzeugte Klanginstallation eingebaut. Nach der Ausstellung stimmte die AOK zu, das Kunstwerk „Three to one" dauerhaft zu beherbergen. Jede Etage hat ihren eigenen Ton, wobei die Unterschiede recht fein sind.

★11 [O2] **Vertikaler Erdkilometer,** Friedrichsplatz. Eines der umstrittensten Kunstwerke der documenta 6 (1977) war der „Vertikale Erdkilometer" von Walter De Maria. Der Künstler hatte ein ein Kilometer tiefes Loch in die Erde gebohrt und dieses mit verschraubten Messingstäben mit fünf Zentimetern Durchmesser ausgefüllt. Man sieht zwar nur eine kleine Metallplatte mitten auf dem Friedrichsplatz, doch sie soll dazu einladen, über den Ort des Menschen im Universum nachzudenken.

Die Spitzhacke – von Herkules ans Fulda-Ufer geschleudert?

Das Stadtzentrum und der Norden

In der Kasseler Innenstadt, nur wenige Gehminuten voneinander entfernt, befinden sich viele Sehenswürdigkeiten ganz unterschiedlicher Couleur und auch die facettenreiche Nordstadt mit der Universität ist von dort aus sehr schnell zu erreichen.

1 Rathaus und Aschrottbrunnen ★ [N3]

Von zwei vergoldeten Löwen auf der Freitreppe bewacht, präsentiert sich das herrschaftliche Rathaus am Beginn der Oberen Königsstraße. Direkt davor befindet sich ein mahnendes Kunstwerk, das an dunkle Zeiten erinnern soll.

Von 1905 bis 1909 nach Plänen des Architekten Karl Roth für rund drei Millionen Reichsmark im Stil des **niederländischen Barock** erbaut, wurde das H-förmige Gebäude während des Zweiten Weltkriegs stark in Mitleidenschaft gezogen. Im Unterschied zu anderen Gebäuden in der Stadt ließ man das Rathaus aber nach dem Krieg wieder im alten Stil aufbauen, dabei wählte man jedoch eine flachere Dachneigung und verzichtete zudem auf den Uhrenturm als Dachreiter über dem Hauptportal. Später wurde das Rathaus mit modernen Anbauten erweitert. Zuletzt hat die Stadt den Rathausflügel an der Oberen Karlsstraße für eine Summe von rund 36 Mio. Euro umfassend sanieren lassen.

Eine traurige Geschichte ist dagegen mit der **Brunnenanlage** verbunden, die direkt vor dem Gebäude als Ort der Erinnerung und Mahnung fungiert. 1908 stiftete der Unternehmer **Sigmund Aschrott** der Stadt Kassel anlässlich des Rathausneubaus einen Brunnen mit einer zwölf Meter hohen Sandsteinpyramide in der Mitte. Mehr als dreißig Jahre prägte das Bauwerk das Kasseler Stadtbild, ehe es am 9. April 1939 von den Nazis zerstört wurde – weil Aschrott Jude war. Das übriggebliebene Brunnenbecken wurde anschließend jahrelang als Blumenbeet genutzt und 1963 zum Springbrunnen umfunktioniert. Dann entfachte die zunehmende Auseinandersetzung mit der Zeit des Nationalsozialismus eine Diskussion um einen möglichen Wiederaufbau des eigentlichen Brunnens. Während viele Bürger für eine Nachbildung des Originals waren, sahen andere darin eine Verhöhnung der Vergangenheit. Der Aschrottbrun-

016ka-cl

☒ *Zwei vergoldete Löwen bewachen den Aufgang zum Rathaus*

nen, wie er heute vor dem Rathaus zu sehen ist, wurde schließlich 1987 vom Kasseler Künstler **Horst Hoheisel** geschaffen. Er baute dabei die ursprüngliche Pyramidenskulptur nach und versenkte sie während der documenta 8 als **Negativform** spiegelbildlich im Boden. Aus der Pyramide wurde ein Trichter, in den das Wasser geräuschvoll in die Leere hineinstürzt. Es soll an erlittenes Unrecht erinnern – oder wie Horst Hoheisel es bezeichnete: „An dem Ort, wo einmal etwas war, kann ich den Verlust nur noch durch die Leere spürbar machen. Das eigentliche Denkmal ist der Passant, der auf dem Brunnen steht und darüber nachdenkt, weshalb hier etwas verlorenging." In der Holocaust-Gedenkstätte Yad Vashem in Jerusalem befindet sich seit 1998 eine Nachbildung des Brunnens.

› Obere Königsstraße 8

2 Friedrichsplatz und Fridericianum ★★★ [02]

Folgt man der Oberen Königsstraße in Richtung Innenstadt, stößt man nach wenigen Metern auf einen der größten innerstädtischen Plätze der Bundesrepublik: den **Friedrichsplatz.** Auf dem 340 mal 112 Meter großen Areal, das als zentraler Ort der documenta fungiert, sind diverse Außenkunstwerke der Kunstausstellung wie der „Vertikale Erdkilometer" oder „Die Fremden" beheimatet (s. S. 18).

Dominiert wird der Platz aber von dem **Fridericianum.** Rund zehn Jahre dauerte die Errichtung der symmetrischen Dreiflügelanlage, die nicht nur als der erste **rein klassizistische Bau Deutschlands**, sondern auch als eines der ersten Museen auf dem europäischen Kontinent gilt. Die knapp 80 m lange Vorderfront besteht aus zwei Geschossen und neunzehn Achsen, die beiden rund 40 m langen Seitenfronten aus zehn Achsen.

Zwischen 1769 und 1779 im Auftrag von **Landgraf Friedrich II.** nach Plänen des Hofarchitekten **Simon Louis du Ry** erbaut, um dort im

⊡ *Ort der Kunst: Alle fünf Jahre wird das Fridericianum zum Mittelpunkt der documenta*

017ka-df

Zuge der Aufklärung die landgräflichen Kunstsammlungen auszustellen, kann das Gebäude mit Fug und Recht als architektonisches Meisterwerk bezeichnet werden. Besondere Hingucker sind der durch sechs ionische Säulen getragene **Portikus** und die sechs Figuren auf der Balustrade, die verschiedene Wissenschaften darstellen sollen. Auf dem Platz vor dem Gebäude steht ein **Marmorstandbild** des Landgrafen, das ihn in Feldherrenpose zeigt.

Direkt an den klassizistischen Großbau grenzt der noch viel ältere **Zwehrenturm** an, der als Teil der Stadtbefestigung 1330 erbaut, anschließend lange Zeit als Gefängnis genutzt und zu Beginn des 18. Jahrhunderts zu einer **Sternwarte** mit drehbarer Kuppel umgebaut wurde.

Das Fridericianum durchlief ebenfalls eine wechselhafte Geschichte. Gemälde, Waffen, Statuen, naturhistorische Schätze: In dem neugebauten Museum wurden zunächst Kostbarkeiten und Raritäten des Landgrafen ausgestellt. Darüber hinaus fand die 1580 als fürstliche Bibliothek gegründete **Hessische Landesbibliothek** in dem Gebäude ein Zuhause. Dort waren auch die **Brüder Grimm** einige Jahre lang als Bibliothekare beschäftigt.

Unter französischer Fremdherrschaft wurde das Fridericianum von Jérôme Bonaparte im Jahr 1810 zu einem Ständehaus umgebaut und als solches bis 1813 genutzt – aufgrund dieser Tatsache kann das Fridericianum sogar als erstes deutsches Parlamentsgebäude bezeichnet werden. Im Verlauf des Zweiten Weltkrieges wurde das Gebäude bei einem Bombenangriff schwer beschädigt, sodass es fast vollständig ausbrannte. Dabei wurden 350.000 im Haus befindliche Bücher zerstört.

Nach dem Krieg fand der klassizistische Bau eine andere Bestimmung: Seit Arnold Bode 1955 – damals eher als kulturelle Ergänzung zur Bundesgartenschau gedacht – in den Räumlichkeiten des Fridericianums die erste documenta organisierte, ist das Bauwerk der Mittelpunkt der Kunstausstellung. Nachdem es zunächst in den Jahren, in denen keine documenta stattfand, ungenutzt blieb, ist es mittlerweile ein durchgehend **international beachteter Ort der Gegenwartskunst:** Seit 1988 werden regelmäßig Ausstellungen, Konferenzen, Retrospektiven und Symposien veranstaltet, die das Spektrum aktueller Kunst und Diskurse beleuchten. Das Ausstellungshaus genießt dabei einen hervorragenden Ruf, der weit über die Grenzen der Bundesrepublik hinausreicht, da es zentrale Positionen der zeitgenössischen Kunst nach Deutschland bringt. Seit 2018 wird das Fridericianum vom Kunsthistoriker und Kurator Moritz Wesseler geleitet, 2021 wurde sein Vertrag bis 2027 verlängert. Der Direktor verfolgt nach eigenen Angaben das Ziel, zentralen Akteuren der Gegenwartskunst eine Plattform zu bieten, die hierzulande noch relativ unbekannt sind.

› Friedrichsplatz 18, Tel. 7072720, www.fridericianum.org, Eintritt: Erw. 6 €, erm. 4 €, Kinder bis 18 Jahre frei, geöffnet: Di.–So. 11–18 Uhr

3 Treppenstraße ★ [02]

Die historische Bedeutung der Treppenstraße ist nicht nur für Kassel, sondern auch für die gesamte Bundesrepublik immens. Mit der 300 Meter langen Straße, auf der man über 104 Stufen einen Höhenunterschied von 15 Metern überbrückt, habe sich die Stadt „ein bleibendes Denkmal

Beteiligung am Amerikanischen Unabhängigkeitskrieg

Zwischen 1776 und 1783 kämpften Tausende Soldaten der Landgrafschaft Hessen-Kassel im Amerikanischen Bürgerkrieg an der Seite Großbritanniens. Noch bis heute gehört die Entsendung der Truppen zu den umstrittensten Ereignissen in der hessischen Geschichte. Im 17. und 18. Jahrhundert verfügte Hessen-Kassel über eines der größten Heere Europas. Um diese schlagkräftige Armee weiterhin finanzieren und die eigene Infrastruktur verbessern zu können, wurden hessische Soldaten als Söldner an andere Länder vermietet. Im Januar 1776 schloss Landgraf Friedrich II. mit König Georg III. von Großbritannien einen Subsidienvertrag ab, in dem er sich verpflichtete, den Briten im Kampf gegen die Aufständischen in Amerika ein Kontingent von 12.000 Soldaten zu überlassen.

Diese Praxis des Soldatenhandels stieß damals aber teilweise auf harsche Kritik – auch wenn das Vorgehen wahrlich nicht neu war. Lange Zeit wurde es als Inbegriff von Zwangsrekrutierung und Tyrannenwillkür verstanden, dabei aber gleichzeitig vergessen, dass die große Mehrheit der Soldaten freiwillig nach Amerika ging. Sie erhielten eine gute Bezahlung, mit der sie ihre Familien unterstützen konnten. Zudem hofften nicht wenige von ihnen darauf, sich nach dem Krieg eine Zukunft in Amerika aufzubauen.

Die aufständischen Siedler fürchteten die deutschen Soldaten mehr als die englischen: Bei Ersteren handelte es sich um disziplinierte und gut ausgebildete Berufssoldaten, die britischen Landtruppen galten zu dieser Zeit eher als zweitklassig. Die hessischen Soldaten konnten folglich zahlreiche militärische Erfolge erzielen. In der Regel hielten sich die Kämpfe aber in Grenzen. Die größten Feinde der Soldaten stellten oftmals nicht die gegnerischen Truppen, sondern die schwierigen klimatischen Verhältnisse und Krankheiten wie Typhus und Ruhr dar.

Insgesamt dürften im Verlauf des Krieges rund 16.000 Soldaten aus Hessen-Kassel für die Briten gekämpft haben. Damit stellte die Landgrafschaft das weitaus größte Kontingent deutscher Soldaten für die britische Krone – insgesamt beläuft sich die Zahl der deutschen Söldner, die im Kampf gegen die amerikanischen Kolonisten eingesetzt wurden, auf rund 30.000. Nur etwas mehr als die Hälfte von ihnen kehrte nach den Kriegshandlungen wieder zurück. Das hatte aber nicht nur mit Todesfällen zu tun: Tausende blieben freiwillig in Amerika, um sich als Handwerker oder Landwirt in die dortige Bevölkerung zu integrieren.

gesetzt", sagte der damalige Oberbürgermeister Willi Seidel anlässlich der Eröffnung im Jahr 1953.

Biegt man auf der Oberen Königsstraße in Höhe des Friedrichsplatzes nach links ab, erreicht man ein Glanzstück des Kasseler Wiederaufbaus nach dem Zweiten Weltkrieg. Nach den Plänen von Werner Hasper angelegt, bildet die Treppenstraße mit der Kurfürstenstraße als Verlängerung eine Achse, die den Friedrichsplatz mit dem Hauptbahnhof verbindet. Sie ist nicht nur **Deutschlands erste Fußgängerzone,** sondern wurde nach dem Zweiten Weltkrieg auch zum Symbol des Aufbruchs und des optimistischen Neuanfangs in der zerstörten Stadt.

Die Straße etablierte sich schnell als Vorzeigeadresse, an der sich vornehme Geschäfte und angesagte Kneipen ansiedelten. Die hochmoderne Gestaltung der autofreien Flaniermeile mit ihren prachtvollen Grünflächen in der Mitte, den Brunnen und den seinerzeit beispielgebenden Kinderwagen-Rampen blieb auch Regisseuren nicht verborgen. So diente sie in den 1950er- und 1960er-Jahren als **Filmkulisse** für Kassenschlager wie „Rosen für den Staatsanwalt" mit Martin Held, Walter Giller und Ingrid van Bergen, „Der letzte Fußgänger" mit Heinz Erhardt und „Ohne Dich wird es Nacht" mit Curd Jürgens.

Die Treppenstraße hat in den vergangenen Jahrzehnten jedoch ein wenig von ihrem alten Glanz verloren. Nicht zuletzt infolge der Eröffnung des Fernbahnhofs Kassel-Wilhelmshöhe hat sie **ihre Achsen-Funktion etwas eingebüßt.** Leerstände, häufige Inhaberwechsel und die wachsende Bedeutung der Königsstraße als zentrale Einkaufsmeile Kassels haben der Treppenstraße einen Schlag versetzt. Dennoch bewegt sich einiges. In der Stadt werden mehrere Ansätze diskutiert, wie das ruhmreiche Areal wieder verschönert werden kann. Unter anderem wurde der umstrittene **documenta-Obelisk** des nigerianisch-amerikanischen Künstlers Olu Oguibe, der mit ihm 2017 ein Denkmal für Flüchtlinge errichtet hatte, 2019 auf der Treppenstraße zwischen den Straßen Neue Fahrt und Wolfsschlucht wieder aufgebaut. Der Obelisk hat sich seitdem als beliebter Treffpunkt bei Jung und Alt etabliert.

Aufgrund ihrer beschaulichen Atmosphäre und wegen ihrer kleinen Geschäfte ist die Treppenstraße ein nach wie vor sehr beliebter Ort zum Flanieren und Bummeln.

4 Stadtmuseum ★★ [N2]

Als modernes Museum präsentiert sich das Stadtmuseum, das einen anschaulichen Überblick über 1100 Jahre Kasseler Geschichte bietet.

Das Stadtmuseum präsentiert sich als modernes Ausstellungshaus, das die Besucher auf drei Etagen über die Geschichte Kassels von der ersten urkundlichen Erwähnung bis zur Gegenwart informiert. Die Dauerausstellung unterteilt sich dabei in drei prägende

Detaillierte Modelle im Stadtmuseum veranschaulichen, wie Kassel früher ausgesehen hat

018ka-cl

MEIN TIPP

Eine außergewöhnliche Uhr

Am Ständeplatz steht eine graue, mit Glühbirnen besetzte Säule. Dass es sich dabei um eine funktionierende **Linear-Uhr** handelt, ist selbst vielen Einwohnern Kassels nicht bewusst. Der Künstler Peter Hertha hat diese Skulptur geschaffen und sie 1977 der Stadt geschenkt. Die Skulptur ist in drei Segmente geteilt, wobei der oberste Teil die Stunden, der mittlere die Minuten und die unterste die Sekunden anzeigt. Jeder Abschnitt setzt sich darüber hinaus aus jeweils zwei Reihen von Lichtern zusammen, die getrennt voneinander betrachtet werden müssen.

Um die richtige Uhrzeit zu bestimmen, muss man die leuchtenden Lampen nach dem Schema einer Digitaluhr ablesen. Beispiel: Es ist 10.32 Uhr und 45 Sekunden. In diesem Fall brennt in der ersten Reihe des obersten Abschnitts eine und in der zweiten Reihe keine Lampe auf. Im mittleren Segment leuchten oben drei und unten zwei Lampen. Und im untersten Abschnitt sind in der ersten Reihe vier und in der unteren fünf Lampen erleuchtet. Somit ergibt sich die Zahlenfolge 1, 0, 3, 2, 4, 5.

Zeitabschnitte für die Stadt. Im Erdgeschoss stößt der Besucher zunächst auf das **Kassel-Foyer.** Eine sehr charmante Idee, die auf den weiteren Gang durch die Räumlichkeiten einstimmt, denn hier kommen die Exponate selbst zu Wort: Objekte der Kasseler Stadtgeschichte werden in einer medialen Inszenierung zum Sprechen gebracht und schwelgen dabei in Erinnerungen.

Der weitere Ausstellungsteil in dieser Etage widmet sich der Zeit von 913 bis 1800 und legt einen besonderen **Fokus auf Kassel als Residenzstadt der hessischen Landgrafen.** Neben Modellen von Fachwerkhäusern und anderen historischen Bauten werden in diesem Bereich auch wichtige Verordnungen aus der Stadtgeschichte und Bilder der Altstadt präsentiert. Ein Höhepunkt ist zweifellos die Präsentation des **ältesten erhaltenen Stadtplans Kassels** aus dem Jahr 1547, der an einem Medientisch audiovisuell erlebbar gemacht wird. Generell besticht das Museum durch die liebevolle Darstellung der Exponate und durch die Detailliertheit, mit der auch Themen behandelt werden, die eher dem Alltag der damaligen Menschen zuzuordnen sind.

Das erste Obergeschoss zeichnet den Kampf der Kasseler Bürger um Bürgerrechte und politisches Mitspracherecht im 19. Jahrhundert nach. In einer gigantischen **Wandzeitung** werden die wichtigsten Ereignisse dargestellt, anhand von Originalbildern und mithilfe von extra für die Präsentation verfassten, fiktiven Zeitungsartikeln. Als Ort der Begegnung überzeugt das Stadtmuseum auch mit seinen diversen **Mitmach-Angeboten.** Um die Geschichte erfahrbar zu machen, können die Besucher zum Beispiel in einem Spiel alte und aktuelle Ansichten der Stadt zusammenfügen.

Als eindrücklich erweist sich auch der Teil der Dauerausstellung, der sich der Geschichte der Stadt vom Ersten Weltkrieg bis heute widmet. Im Zentrum steht ein **Modell der Ruinenlandschaft,** die durch die Zerstörungen des Zweiten Weltkriegs entstanden ist. Das Modell und die zahlreichen Bombensymbole an den Wänden, die die insgesamt 400.000 Bomben symbolisieren sollen, die am 22. Oktober 1943 auf Kassel abgeworfen wurden, mahnen zum Gedenken an die schrecklichen Folgen des Kriegs. Die

Ausstellung spannt schließlich den Bogen über den Wiederaufbau der Stadt und das Wirtschaftswunder bis zum Mauerfall und der deutschen Wiedervereinigung. Ein wahrer Hingucker erwartet die Besucher ganz am Ende – **eine blaue BMW Isetta,** die der Kasseler Fußballlegende Karl-Heinz „Gala“ Metzner gehört hat.

› Ständeplatz 16, Tel. 7874405, www.kassel.de/stadtmuseum, Eintritt: Erw. 4 €, erm. 3 €, Kinder unter 18 Jahren frei, geöffnet: Di., Do.–So. 10–17 Uhr, Mi. 10–20 Uhr

5 Caricatura ★★★ [N1]

Eine Galerie ist für gewöhnlich kein Ort zum Lachen. In der Caricatura, der Galerie für Komische Kunst, gilt dies aber ausdrücklich nicht. Seit 1995 ist sie im Kulturbahnhof beheimatet und hat sich seitdem zu einem wichtigen Komik- und Satirezentrum in Deutschland gemausert.

In der eher kleinen Galerie im Bahnhof, dessen Vorplatz von der Skulptur „Man walking to the Sky“ (s. S. 21) dominiert wird, werden im Jahresverlauf gleich mehrere Ausstellungen zu den Themen Cartoon, Karikatur und Komische Malerei gezeigt. Anhänger von **schwarzem Humor und bissiger Ironie** sind hier auf jeden Fall richtig.

Hervorgegangen ist die Caricatura in den 1980er-Jahren aus einem Zusammenschluss junger Kunststudenten aus Kassel, die sich **„Visuelle Opposition“** nannten und es sich zum Ziel gesetzt hatten, die Plakatkunst mit satirischen Mitteln zu revolutionieren. Sie nahmen Kontakt zu bekannten Cartoonisten und Karikaturisten auf, die unter anderem in der Zeitschrift „Titanic“ veröffentlichten. Parallel zur documenta 1987 organisierten sie eine Übersichtsschau Komischer Kunst, die seitdem ebenfalls alle fünf Jahre veranstaltet wird

Lachen ausdrücklich erlaubt: Bei einem Besuch in der Caricatura bleibt kein Auge trocken

019ka-ca©Caricatura

und die bedeutendste ihrer Art im deutschsprachigen Raum ist.

Die Initiatoren strebten an, durch die Eindeutigkeit der Werke beim Betrachter gewisse Haltungen und Gedankengänge zu erzeugen – etwas, was sie bei vielen documenta-Kunstwerken vermissen würden.

Die Galerie im Kulturbahnhof ist im Gegensatz zur Sammelschau nicht nur alle fünf Jahre, sondern außer montags die komplette Woche zu besichtigen. Nicht nur bei den wechselnden Ausstellungen, sondern auch bei den Lesungen und satirischen Bühnenprogrammen bleibt kein Auge trocken.

Nicht immer politisch korrekt, dafür meistens urkomisch sind auch die Werke, die zwischen November und Februar in der Halle präsentiert werden. Der gezeichnete **Jahresrückblick „Beste Bilder – Die Cartoons des Jahres“** wirft ein satirisches Schlaglicht auf die Höhe- und Tiefpunkte der vergangenen Monate. Nach Themen sortiert, sind auf schwarzen Aufstellwänden die besten Werke der Cartoonisten zu sehen, die sich um den Deutschen Cartoonpreis beworben haben. Flüchtlingskrise, Coronapandemie, Rassismus, Religion, Energiekrise, die täglichen Kommunikationsprobleme zwischen Mann und Frau – die Themen, die in dem Jahresrückblick behandelt werden, sind vielfältig und haben oftmals einen nicht so ganz witzigen Hintergrund. Doch immer gelingt es den Künstlern, ihnen einen komischen Dreh zu verpassen – und die **Betrachter zum Nachdenken zu bewegen.**

Ein besonderer Fokus der Caricatura liegt auf der **Nachwuchsförderung.** Seit 2007 veranstalten die Organisatoren jährlich eine Sommerakademie für Komische Kunst. Das Ziel der Workshops liegt in der Aus- und Weiterbildung von Talenten aus dem Bereich der Komischen Kunst. Mit Erfolg: Einige der Teilnehmer konnten bereits renommierte Preise gewinnen, wie unter anderem den „Deutschen Karikaturenpreis“.

Für diejenigen, die auch nach ihrem Besuch nicht genug bekommen können von Karikaturen und Komischer Malerei, gibt es im Eingangsbereich einen gut ausgestatteten Verkaufsraum mit zahlreichen Büchern, Postern und witzigen Utensilien.

› Rainer-Dierichs-Platz 1, Tel. 82799800, www.caricatura.de, Eintritt: Erw. 5 €, Erm. 4 €, Kinder u. Jugendliche unter 12 Jahren frei, geöffnet: Di.–Sa. 12–19 Uhr, So. 10–19 Uhr

MEIN TIPP

Die älteste Videothek der Welt

Nicht etwa in Paris, New York oder London, sondern in Kassel steht die vermeintlich älteste Videothek der Welt. Von Eckehard Baum 1975 an der Erzbergerstraße gegründet, konnte sich der Film-Shop in den kommenden Jahrzehnten einen legendären Ruf erwerben. Aufgrund der zunehmenden Konkurrenz durch das Internet und diverse Streaming-Dienste stand das Traditionsgeschäft 2017 vor dem Aus. Dank der Initiative des Vereins „Randfilm“ konnte der Standort aber gerettet werden. Um zukunftsfähig zu sein, werden in den Räumlichkeiten nicht mehr nur Filme verliehen. Stattdessen ist der „Film-Shop“ mittlerweile eine Mischung aus Filmverleih, Museum und Veranstaltungsort.

●12 [eh] **Film-Shop,** Erzbergerstraße 12, www.film-shop.org, geöffnet: Mo.–Fr. 18–21, Sa. 15–21 Uhr, abweichende Öffnungszeiten zu den Veranstaltungen

6 Altstädter Friedhof ★ [01]

Einer der letzten Überreste der historischen Stadtkultur Kassels ist der Turm der Lutherkirche. Er steht auf dem ältesten protestantischen Friedhof Kassels – dem Altstädter Friedhof. Mit rund 70 Grabmälern, die hier noch aufzufinden sind, ist nur noch ein kleiner Teil der Anlage vorhanden, auf der zwischen 1561 und 1843 die Kasseler Bürger bestattet wurden – darunter zahlreiche berühmte Persönlichkeiten der Stadtgeschichte.

Der Altstädter Friedhof befand sich früher sogar etwas außerhalb der Stadtmauern, erst im Verlaufe des 19. Jahrhunderts entstand hier das Bahnhofsviertel. Während des Siebenjährigen Krieges wurden zahlreiche Grabmäler auf dem Friedhof zerstört, sodass die ältesten erhaltenen Gedenksteine aus der Mitte des 18. Jh. stammen. Als sich der Friedhof angesichts der stetig wachsenden Bevölkerungszahlen als zu klein erwies, **wurde er 1843 geschlossen** und durch den Hauptfriedhof an der Holländischen Straße ersetzt.

Spaziert man durch diese kleine, verwunschen anmutende Parkanlage, stößt man auf diverse Schmuckstücke. Allein sechs Ehrengräber der Stadt Kassel befinden sich dort, darunter das der **Dorothea Grimm**, Mutter von Jacob und Wilhelm, die das Grabmal auch in Auftrag gegeben und regelmäßig besucht haben. Sie ist aber nicht die einzige Person aus der berühmten Familie, die hier begraben liegt. Die Grabmäler von Marie-Elisabeth, Schwägerin der Brüder Grimm, und Charlotte, der einzigen Schwester der Sprachwissenschaftler, sind mit **Engeln aus Bronze** verziert, die vom Bildhauer Werner Henschel aus der bekannten Kasseler Industriellen-Familie angefertigt wurden. Dieser hat auch vier Engel in Bronzeguss für das imposante **Reichenbach-Grab** am Eingang der Spohrstraße geschaffen, das als das schönste Denkmal auf dem Areal gilt. Begraben liegt hier Graf Wilhelm von Reichenbach, ein unehelicher Sohn des Kurfürsten Wilhelm II., der im Alter von sechs Jahren starb.

Weitere prominente Namen, die hier ihre letzte Ruhe fanden, sind der begnadete Mathematiker **Jost Bürgi, Carl Schomburg**, der erste Oberbürgermeister Kassels, und der Architekt **Heinrich Christoph Jussow**, der unter anderem die Löwenburg 32 im Bergpark konzipiert hat. Jussow war es auch, der am Rand des ehemaligen Friedhofs, etwas versteckt zwischen Lutherkirche und Kurfürsten-Galerie (s. S. 93), ein Mausoleum für die **Kurfürstin Wilhelmine Karoline von Hessen**, Gattin von Kurfürst Wilhelm I., entworfen hat. Rechts daneben befinden sich die kurfürstlichen Gräber von Auguste Friederike Christine von Hessen, ihrer Tochter Karoline Friederike Wilhelmine und ihres Sohns, Kurfürst Wilhelms I. Auch das Grabmal von Jussow ist in diesem Areal zu finden, das durch einen eisernen Zaun von den anderen Gräbern abgetrennt ist.

› Lutherplatz, öffentlich zugänglich

7 Weg der Erinnerung ★★ [fh]

Am Campus am Holländischen Platz im Norden der Stadt lernen Tausende Studenten. Da wo heute gelernt wird, befand sich ab der Mitte des 19. Jahrhunderts der Stammsitz der Firma **Henschel**, die als einer der bedeutendsten Hersteller von Lokomotiven weltweiten Ruhm erlangte. Mit dem „Weg der Erinnerung“ soll auf die in-

Gedenken an NSU-Opfer

In einem Internetcafé in der Holländischen Straße wurde im April 2006 **Halit Yozgat** von den Rechtsterroristen der NSU erschossen – als neuntes und letztes Opfer, das bei der Mordserie des Nationalsozialistischen Untergrunds ums Leben kam.

In Gedenken an die Untat trägt ein kleiner, begrünter Platz in der Nordstadt seit 2012 den Namen „Halitplatz". Er befindet sich nur 100 Meter von dem Gebäude entfernt, in dem der 1985 geborene Yozgat gewaltsam sein Leben verlor. Ein Straßenschild und eine Stele mit einer Gedenktafel weisen auf das Kasseler, aber auch auf die weiteren Opfer der NSU-Mordserie hin.

•13 [fg] **Halitplatz**

dustrielle Vorgeschichte des heutigen Campus hingewiesen und dabei auch die teils schwierige Vergangenheit der Firma beleuchtet werden.

Entstanden ist die Idee im Jahr 2010 – dem 200-jährigen Jubiläum des Unternehmens – aus einer studentischen Initiative heraus, die sich dafür einsetzte, die Geschichte des Geländes historisch aufzuarbeiten. Entstanden ist ein **Parcours mit neun Stationen**, der zu ehemaligen Henschel-Gebäuden führt und seinen Startpunkt am K10 hat. Als Verwaltungssitz errichtet, diente das Gebäude mit seinem Schutzraum den Beschäftigten während des Zweiten Weltkriegs als Zuflucht.

Dass die Gebäude mit einem „K" benannt werden, erklärt sich daher, dass die Initiale früher einmal auf den Henschel-Standort Kassel verwies. Die Universität hat diese ursprünglichen Bezeichnungen im Zuge des Wegs der Erinnerung wiederbelebt. Mit verschiedenen Infotafeln an den einzelnen Standorten wird den Menschen die Geschichte der Firma nähergebracht. Eines der markantesten Gebäude auf dem Weg ist dabei die alte **Gießerei**, ein Rundbau mit kuppelförmigem Dach, das 1836/1837 errichtet wurde. Heutzutage von der Universität als Veranstaltungsraum genutzt, beherbergte das Gebäude ab 1935 auch zeitweise das Werksmuseum der Firma. Die Vergangenheit des Unternehmens wurde darin in eine nationalsozialistische Erzählweise gekleidet, eingebettet von Hakenkreuzfahnen, die vor dem Gebäude angebracht wurden. Daher möchte die Universität vor allem anhand des Gießhauses zeigen, wie „bereitwillig Menschen sich von der glänzenden Fassade des Dritten Reiches blenden ließen und wie eng die Verführung und Propaganda mit Gewalt, Krieg, Verschleppung und Zwangsarbeit in Verbindung standen".

Der Parcours endet mit einem besonders **eindrücklichen Mahnmal an der Moritzstraße.** Zu sehen ist ein Original-Waggon der Reichsbahn, aus dem drei in Mäntel gehüllte, gesichtslose Bronze-Figuren taumeln. Geschaffen wurde die Installation **„Die Rampe"** von Eva Renée Nele, Tochter von documenta-Begründer Arnold Bode, im Jahr 1982 für eine Ausstellung. Dieses recht düstere Werk, mit dem die 1932 geborene Künstlerin ihre eigene traumatische Kindheit verarbeitete, soll zum Frieden mahnen

Im Jahr 1978 saniert und mit einem Kupferdach versehen: das Gießhaus

080ka-cl

Die Henschel-Werke

Fast zwei Jahrhunderte lang hat der Maschinen- und Fahrzeugbaukonzern das wirtschaftliche Geschehen in der Stadt massiv geprägt. Im Jahr 1810 von Georg Christian Carl Henschel ursprünglich als Gießerei gegründet, entwickelte sich das Unternehmen in den darauffolgenden Jahrzehnten von einem kleinen Familienbetrieb zu einem der wichtigsten Hersteller von Lokomotiven in Europa. Im Jahr 1885 konnte die Fertigstellung der 2000. Henschel-Lok gefeiert werden, 1910 zum 100-jährigen Firmenbestehen verließ dann schon die 10.000. Lokomotive die Fabrik. Insgesamt beläuft sich die Gesamtzahl der von Henschel produzierten Lokomotiven vermutlich auf rund 30.000.

Als größter Arbeitgeber in der Stadt stellte Henschel, dessen Firmenlogo ein sechszackiger Stern war, über sechs Generationen den industriellen Mittelpunkt Kassels dar. „Kassel ist Henschel und Henschel ist Kassel", lautete ein Wahlspruch von Firma und Arbeitern. Während der beiden Weltkriege produzierte die Firma wichtige Rüstungsgüter wie Geschosse, Panzer und Flugzeugmotoren. Um die Produktion sicherzustellen, wurden von 1939 bis 1945 mehrere Tausend Zwangsarbeiter in den Henschel-Werken eingesetzt.

Aufgrund ihrer bedeutenden Stellung im Kriegsverlauf bildeten die Henschel-Werke ein wichtiges Ziel für Luftangriffe der Alliierten. In der Bombennacht vom 22. Oktober 1943 wurde auch die Firma schwer getroffen. Nach dem Zweiten Weltkrieg konzentrierte man sich vor allem auf den Bau von Omnibussen und Lastkraftwagen. 1957 endete mit dem Rücktritt von Oscar Robert Henschel als Firmenchef die Familientradition. Das Unternehmen ging anschließend mehrheitlich in andere Gesellschaften über. Mittlerweile existieren vom ursprünglichen Konzern nur noch eine Reihe von Nachfolgeunternehmen. Mehr zur Firmengeschichte ist im Technik- (s. S. 80) sowie im Henschel-Museum (s. S. 78) zu erfahren, die beide in den Räumlichkeiten des ehemaligen Werks in Rothenditmold beheimatet sind.

und an die Deportation und Ermordung von Menschen unter dem NS-Regime erinnern. Dass dieses starke Zeichen gegen die Verbrechen im Dritten Reich überhaupt noch zu sehen ist, ist letztlich einer Spendenaktion zu verdanken. Diese ermöglichte 1987 den Wiederaufbau der „Rampe“, nachdem die Installation kurz nach der Einweihung durch einen Brandanschlag zerstört worden war.

› Beginn des Wegs in der Henschelstraße am K10, http://wde.uni-kassel.de

8 Martinskirche ★★ [P1]

86 Register, mehr als 5500 Pfeifen, 5 Jahre Planungszeit und 2,5 Millionen Euro Baukosten: Ein Hingucker im Innenraum der Martinskirche ist die 2007 eingeweihte Orgel, die sich mit ihrer enormen Größe noch nicht einmal vor der Orgel in der Elbphilharmonie verstecken muss. Sie stellt eines der spektakulärsten Musikinstrumente dar, die in den letzten Jahren in Deutschland gefertigt wurden. Nicht zuletzt ist es auch die Mischung aus Alt und Neu, die den speziellen Charme der Hunderte Jahre alten evangelischen Pfarrkirche ausmacht.

Von der Universität wieder in Richtung der Innenstadt kommend, sieht man schon von Weitem die markanten Türme der Martinskirche. In Kassels größtem Gotteshaus waren schon einige berühmte Persönlichkeiten zu Besuch. Ein Höhepunkt in der Geschichte ist zweifellos die Visite von **Johann Sebastian Bach** im September 1732, bei der er seine Dorische Toccata und Fuge d-Moll gespielt haben soll.

Mit dem Bau der dreischiffigen Hallenkirche wurde in der Mitte des 14. Jahrhunderts begonnen. Sie sollte nach Vorstellung des damaligen Landgrafen Heinrich II. nicht bloß eine gewöhnliche Pfarrkirche, **sondern der Dom Kassels werden.** Als Mittelpunkt der 1330 gegründeten Vorstadt „Freiheit“, entwickelte sich das Gotteshaus zum geistigen Zentrum der gesamten Stadt. Die bauliche Vollendung erfolgte allerdings erst Ende des 19. Jahrhunderts, als noch zwei Türme im neugotischen Stil ergänzt wurden. Ihren Status als Stiftskirche verlor die Martinskirche, als Landgraf Philipp der Großmütige 1526 das evangelische Bekenntnis in Kassel einführte. Sie diente fortan nur noch als Pfarrkirche. An der Nordwand sind die Nachgüsse eines **Bronzereliefs** zu sehen, das ursprünglich

021ka-df

◁ *Die markanten Doppeltürme der Martinskirche wurden nach dem Zweiten Weltkrieg neu gestaltet*

den Sockel des sich früher am Martinsplatz befindlichen Denkmals für Landgraf Philipp den Großmütigen schmückte. Sie zeigen das **Marburger Religionsgespräch** von 1529 mit den Reformatoren und dem Landgrafen sowie die Verhaftung Philipps bei Halle im Jahr 1547.

Zwischen dem 16. und 18. Jahrhundert wurden in der Martinskirche die hessischen Landgrafen beigesetzt. Ein wahrer Blickfang neben der bereits erwähnten Orgel ist das 12 Meter hohe **Marmor- und Alabastergrabmal Philipps des Großmütigen.** Betritt man die Kirche, erkennt man sofort das beeindruckende Epitaph, das eines der größten und bedeutendsten Bildhauerwerke seiner Zeit darstellt. Als Grundform wurde ein nach oben hin erweiterter römischer Triumphbogen gewählt und neben biblischen Szenen sind auch der Landgraf und seine erste Frau, Christina von Sachsen, auf dem Grabmal abgebildet. Dass es noch immer zu betrachten ist, ist nicht selbstverständlich. Schließlich brannte die Martinskirche in der Bombennacht vom 22. Oktober 1943 bis auf die Außenmauern und die Turmstümpfe nieder. Die damals schwer beschädigte **Osanna-Glocke**, die 1818 von der Firma Henschel gegossen wurde, befindet sich als Mahnmal für die Schrecken des Kriegs im Innenraum der Kirche. Prägend für das Innere ist ferner ein verglaster Lettner, der den alten Chorraum mit rund 200 Plätzen für die normalen Gottesdienste und das Hauptschiff mit rund 1500 Plätzen für Festtage und Konzerte trennt. Bei großen feierlichen Veranstaltungen kann die Trennung aufgehoben werden.

Zwischen 1954 bis 1958 wurde das Gotteshaus in teilweise **veränderter Form wiederaufgebaut.** Dabei behielt man die erhaltenen Außenmauern bei, für die Doppeltürme wurde jedoch eine moderne Formsprache gewählt. Sie zählen heute mit ihrem unverwechselbaren Aussehen zu den Wahrzeichen der Stadt.

› Martinsplatz 5A, Tel. 770267, Öffnungszeiten: täglich 10–17 Uhr

9 Druselturm ★ [P1]

Der runde Turm zwischen Martinskirche und Königsplatz wurde im Jahr 1415 zur Verstärkung der Stadtmauer errichtet und zählt damit zu den ältesten Bauwerken der Stadt. Seinen Namen verdankt das **44 Meter hohe Bauwerk dem Druselbach**, der unter der Stadtmauer hergeleitet wurde und Kassel mit Wasser versorgte. Der Druselturm diente in früheren Zeiten nicht nur als Wehrturm, sondern auch als Gefängnis mit tiefen Verliesen, in die die Gefangenen an Stricken hinabgelassen wurden. Im Laufe der Zeit

MEIN TIPP

Der Verlauf der Stadtmauer

Einen Eindruck von der alten Stadtmauer erhält man im Bereich der Hedwigstraße zwischen Unterer Königsstraße und Oberster Gasse [P1]. Dort ist ihr Verlauf durch farbiges Pflaster markiert.

081ka-cl

wurde er auch als **Räucherkammer und Materiallager** genutzt.

Im Jahr 1905 zerstörte ein Großfeuer das Dach und weite Teile des Gebäudeinneren. Die Stadtverwaltung stimmte über einen Abriss ab und votierte mit nur einer Stimme Mehrheit für den Erhalt. Im Anschluss prägte nicht mehr ein schlichtes Kegeldach, sondern ein neues Dach mit vier Erkertürmchen das Stadtbild. Während des Zweiten Weltkriegs und den damit verbundenen fatalen Bombardierungen ging es allerdings in Flammen auf, während die Mauern erhalten blieben. Der Turm wurde anschließend wiederaufgebaut, wobei man sich wieder an dem historischen Vorbild orientierte. Nach dem Krieg befand sich in dem Gebäude auch ein Fotoatelier des als Trümmerfotograf bekannt gewordenen **Walter Thieme.** Von ihm stammen einige der bekanntesten Aufnahmen aus dem zerstörten Kassel. Heute steht der Turm leer.

› Druselplatz

Eines der schönsten Bauwerke Kassels: die Markthalle in der Altstadt

10 Markthalle ★★ [P2]

Der Duft von frisch gebackenem Brot, hausgemachten Marmeladen, verschiedenen Fleischsorten und gesundem Obst und Gemüse steigt einem direkt in die Nase, wenn man zwischen Donnerstag und Samstag **den früheren Marstall** mitten in der Altstadt betritt. Auf zwei Etagen und einer zusätzlichen Freifläche vor dem Gebäude präsentieren dann mehr als 70 Marktbeschicker aus Kassel und der Region ihre kulinarischen Waren.

Seit 1965 ist die Markthalle, die man vom Druselturm 9 aus über den Entenanger erreicht, im ehemals ältesten Museums- und Bibliotheksgebäude der Stadt beheimatet, das Landgraf Wilhelm IV. zwischen 1591 und 1593 im Stil der Weserrenaissance errichten ließ. Während im Erdgeschoss damals die fürstlichen Pferde untergebracht waren, diente das Obergeschoss als Kunst- und Raritätenkammer und als Ort, in dem wissenschaftliche Experimente durchgeführt wurden. Im Laufe des 17. Jahrhunderts verlegte Landgraf Wilhelm V. seine kostbare Bibliothek in den Marstall.

Elisabeth Selbert – Kämpferin für die Gleichberechtigung

Nach einer der bedeutendsten Frauen in der Geschichte Kassels hat die Stadt eine Promenade in der Unterneustadt direkt am Fulda-Ufer benannt: Elisabeth Selbert. Die 1896 als Martha Elisabeth Rohde geborene Juristin und Politikern zählt zu den vier „Müttern des Grundgesetzes" und war entscheidend daran beteiligt, dass der Satz „Männer und Frauen sind gleichberechtigt" in der Verfassung verankert wurde.

Aufgewachsen in einem christlich geprägten Elternhaus, musste Selbert zunächst ihren Traum aufgeben, Lehrerin zu werden, da sich ihr Vater die teure Ausbildung nicht leisten konnte. Während der Novemberrevolution 1918 lernte sie ihren späteren Mann Adam Selbert kennen, Buchdrucker und Vorsitzender des Arbeiter- und Soldatenrats in Niederzwehren. Sie trat in die SPD ein und war bis 1933 Mitglied des Bezirksvorstands der Partei. Ihr Mann ermutigte sie dazu, ihr Abitur nachzuholen und Jura zu studieren – trotz zwei kleiner Söhne – und das mit Erfolg: Nach dem ersten Staatsexamen promovierte Selbert 1930 über das Thema „Ehezerrüttung als Scheidungsgrund". Vier Jahre später legte sie ihr zweites Staatsexamen ab und wurde als Rechtsanwältin zugelassen.

Die NS-Zeit sollte einen großen Einschnitt für die Familie bedeuten: Da ihr Mann wegen seiner politischen Tätigkeiten entlassen und sogar vier Wochen lang im KZ Breitenau inhaftiert wurde, musste die Anwältin, die 1934 die Kanzlei zweier jüdischer Juristen am Königsplatz übernommen hatte, ihre Familie nun allein ernähren. Nach dem Zweiten Weltkrieg wurde sie in den Hessischen Landtag und in den Parlamentarischen Rat gewählt. Dieser besaß die Aufgabe, das Grundgesetz für die Bundesrepublik auszuarbeiten. Mit Unterstützung von Frauenrechtsorganisationen gelang es Selbert schließlich, dass das Gremium den bereits erwähnten Gleichheitsgrundsatz als unveräußerliches Grundrecht in die Verfassung aufnahm. Ende der 1950er-Jahre zog sie sich zunehmend aus der Politik zurück und arbeitete noch bis zu ihrem 85. Lebensjahr in ihrer Anwaltskanzlei. Für ihre herausragenden Verdienste wurde sie 1956 mit dem Großen Bundesverdienstkreuz ausgezeichnet und 1984 – zwei Jahre vor ihrem Tod – zur Kasseler Ehrenbürgerin ernannt. Der zentrale Sitzungssaal des Bundessozialgerichts trägt den Namen der Juristin und Politikerin. Seit 1983 verleiht die Hessische Landesregierung alle zwei Jahre den **Elisabeth-Selbert-Preis.** Die mit 10.000 Euro dotierte Auszeichnung würdigt Personen, die sich in hervorragender Weise für die Verwirklichung von Chancengleichheit von Mann und Frau in der Gesellschaft eingesetzt haben.

Nachdem das Bauwerk im Zweiten Weltkrieg bis auf seine Grundmauern niedergebrannt war, wurde es Anfang der 1960er-Jahre nach **historischem Vorbild wiederaufgebaut** und fortan als Markthalle genutzt. Im Gebäude befindet sich zudem das Stadtarchiv. Architektonisch stellt es mit seinen wunderschönen Giebeln, Seitenflügeln und Dachfiguren ein echtes Meisterwerk und damit eines der schönsten Bauwerke in Kassel dar. In diesem Kasseler Schlemmerparadies sind nicht nur die regionalen Spezialitäten wie Ahle Wurscht oder Weckewerk (s. S. 82) zu empfehlen, die Bandbreite der angebotenen Waren lässt kaum einen Wunsch offen.

Die Markthalle ist auch ein Ort der Begegnung: Sie wird häufig als Treffpunkt gewählt, um sich in den Cafés oder Restaurants zu unterhalten und dabei gemütlich einen Kaffee oder ein Glas Wein zu sich zu nehmen.

Seit 2021 wird die Markthalle von einer Investorengruppe betrieben, die das historische Gebäude zwischen 2023 und 2025 umfangreich umbauen wird. Dies wird auch **Auswirkungen auf den Marktplatzbetrieb** haben. Geplant ist, dass dieser künftig nur noch auf der oberen Etage stattfinden wird. Der untere Bereich soll für kulturelle Veranstaltungen genutzt werden. Ein Plan, der bei den Marktbeschickern durchaus auf Kritik stößt – immerhin befürchten diese, dass der Marktbetrieb dadurch in den Hintergrund gedrängt werde.

› Wildemannsgasse 1, Tel. 70167267, www.kasseler-markthalle.de, geöffnet: Do., Fr. 7–18 Uhr, Sa. 7–14 Uhr

11 Alte Brüderkirche und Renthof ★ [P2]

Überquert man nun die Bundesstraße, stößt man in der Nähe der Fulda auf die ältesten Gebäude in der Innenstadt: Die Brüderkirche und der angrenzende Renthof können eine jahrhundertelange Tradition in Kassel aufweisen. Ihre ursprüngliche Bestimmung haben sie allerdings weitgehend verloren.

Die Mitglieder des **Karmeliterordens**, die sich auf Einladung von Landgraf Heinrich I. in Kassel niedergelassen hatten, begannen ab 1292, an dieser Stelle ein Gotteshaus und ein Kloster zu bauen. Die Kirche, die 1376 fertiggestellt wurde, ließ der Orden im Stil der Hochgotik errichten, zugleich flossen die strengen Ansichten der Mönche und ihre damit einhergehende Absage an Pomp und Luxus auch in die Gestaltung des Gotteshauses ein, das bewusst schlicht gehalten wurde. Das sehenswerte, fein gearbeitete **Sandsteinrelief über dem ehemaligen Haupteingang** entstand um 1500 und zeigt die Beweinung Christi.

Als 26 Jahre später das angrenzende Kloster nach Einführung der Reformation aufgelöst wurde, diente das Gotteshaus fortan als **Pfarrkirche der Altstadt.**

Wie viele andere Gebäude in der Stadt erlitt auch die Brüderkirche im Zweiten Weltkrieg schwere Beschädigungen. Heutzutage finden in den Räumlichkeiten weitestgehend nur noch kulturelle und gesellschaftliche Veranstaltungen statt. Mit dem Bau der Neuen Brüderkirche im Jahr 1971 an der Weserstraße verlor das Gotteshaus, das in seiner ursprünglichen Form wiederaufgebaut wurde, seine sakrale Bestimmung. Ausschließlich der Kapitelsaal wird von der griechisch-orthodoxen Gemeinde Kassels für Gottesdienste genutzt.

Auch der **Renthof**, in dem früher das Kloster beheimatet war, kann auf eine **wechselhafte Geschichte** zurückblicken. Nach der bereits angesprochenen Auflösung des Karmeliterklosters ließ Landgraf Moritz das Gebäude zu einer Hof- und Gewerbeschule umbauen. Hier wurde auch der berühmte Komponist Heinrich Schütz ausgebildet, der zwischen 1612 und 1617 Organist der Kasseler Hofkapelle war. Nach einem Umbau zur Ritterakademie diente der Renthof in den Jahren 1633 bis 1653 als **Sitz der Universität.** Anschließend

024ka-df

nahm das Gebäude mehrere hessische Oberbehörden und Gerichte als Erweiterung des angrenzenden Kanzleibauwerks an der Fulda auf. Der Name „Renthof" leitet sich von diesen Behörden ab, die als Rentamt bezeichnet wurden und unter anderem für die Verwaltung der grundherrschaftlichen Einnahmen verantwortlich waren. Von 1943 bis 2013 wurde der Renthof als Altenheim genutzt, heute befindet sich das Hotel Renthof (s. S. 128) in dem **denkmalgeschützten Gebäudekomplex.** Aufgrund der erhalten gebliebenen historischen Grundelemente besticht das Bauwerk noch immer mit einer einzigartigen Atmosphäre. Das 300 Jahre alte spätbarocke Treppenhaus im Innern, ein Meisterwerk damaliger Schreinerkunst, wurde absichtlich in seiner ursprünglichen Form bewahrt. Sehenswert ist auch der **Apollo-Brunnen** im Hof, der um 1600 entstand und damit der älteste noch erhaltene Brunnen in Kassel ist.

› Steinweg

12 Naturkundemuseum (Ottoneum) ★★★ [P2]

Ein Gebäude mit großer Geschichte: Das Naturkundemuseum befindet sich im Ottoneum, das ursprünglich als Theatergebäude errichtet wurde. Zahlreiche Exponate geben einen Überblick über die Entwicklungsgeschichte der heimischen Tier- und Pflanzenwelt. Eines der interessantesten Ausstellungsstücke ist hierbei der „Goethe-Elefant".

Landgraf Moritz ließ das Theater zu Beginn des 17. Jahrhunderts durch den Baumeister **Wilhelm Vernukken** für die Aufführungen von Komödien errichten und benannte es nach seinem Lieblingssohn Otto. Unter **Landgraf Karl** erfolgte 1696 der Umbau zu einem Kunstmuseum. Später diente das Ottoneum unter anderem noch als Sitz des Collegium Carolinum,

⌃ *Das Ottoneum wurde schon für viele Zwecke verwendet*

des Kadettenhauses und des Steuerkollegs sowie als Schwurgericht und Lazarett.

Seit dem Ende des 19. Jahrhunderts beherbergt es das **Naturkundemuseum**, allerdings wurde im **Zweiten Weltkrieg** nicht nur das Gebäude stark beschädigt, es wurden auch zahlreiche kostbare Exponate zerstört. Die Stadt Kassel baute das historische Gebäude nach dem Krieg wieder auf. Heute präsentiert sich das Museum als ein modernes Ausstellungshaus auf drei Etagen.

Vor dem Haupteingang steht der schöne **Papin-Brunnen**, der zu Ehren des Erfinders Denis Papin erbaut wurde. An dieser Stelle soll er 1706 seine Hochdruck-Dampfpumpe präsentiert haben, die Wasser 24 Meter hoch fördern konnte.

Nicht weniger geschichtlich geht es innen im Naturkundemuseum zu. Während das Erdgeschoss für **Sonderausstellungen** reserviert ist, widmen sich die beiden oberen Etagen der **nordhessischen Erdgeschichte** und den Schätzen der **historischen Sammlung.** Vogelgezwitscher, große Saurierskelette und an der Decke angebrachte Seekühe erwarten den Besucher zu Beginn des Rundgangs, auf dem ihm die regionalen Lebensgemeinschaften des Landes und des Meeres vom Erdaltertum bis heute nähergebracht wird.

Wahre Schätze gibt es schließlich im zweiten Teil der Dauerausstellung zu begutachten. Die ältesten Objekte waren Teil der fürstlichen Kunst- und Wunderkammer, die eine beachtliche Sammlung von allerlei naturkundlichen Raritäten beherbergte. Dazu zählt auch das **Herbar Ratzenberger,** das zu den ältesten erhaltenen Herbarien Europas zählt. Zu den Attraktionen gehört auch der **„Goethe-Elefant"**, der im 18. Jahrhundert im Tierpark von Landgraf Friedrich II. lebte. Johann Wolfgang von Goethe lieh sich nach dem Tod des Tiers dessen Schädel für seine Forschungen zum sogenannten Zwischenkieferknochen aus. Dabei gelang es ihm, die Verwandtschaft von Mensch und Tier nachzuweisen.

Ein weiterer sehenswerter Teil der Dauerausstellung dreht sich um ein jüngeres Kapitel der Kasseler Geschichte. 2008 wurden auf dem Gelände der Universität an der Kurt-Wolters-Straße Skelette gefunden. Wie sich herausstellte, handelt es sich dabei um 400 in einem Lazarett in Kassel **verstorbene napoleonische Soldaten.** Die Berliner Künstlerin Lisa Büscher fertigte zwei lebensecht nachgebildete Figuren an, die zwei von ihnen in Uniformen einer luxemburgischen Husareneinheit zeigen. Den namenlosen Toten, von denen lange Zeit niemand etwas wusste, soll dadurch ihre Würde zurückgegeben werden.

› Steinweg 2, Tel. 7874066, www.naturkundemuseum.kassel.de, Eintritt: Erw. 4,50 €, erm. 3 €, Kinder unter 6 Jahren frei, geöffnet: Di., Do.-Sa. 10-17, Mi. 10-20, So. 10-18 Uhr

13 Staatstheater Kassel ★ [P2]

Nur wenige Meter neben dem Naturkundemuseum befindet sich das Staatstheater, dessen Angebot nicht nur Schauspiele, sondern auch Opern- und Ballettaufführungen, Musicals und Konzerte umfasst. Mit dem Gebäude führt Kassel seine jahrhundertelange **Tradition als Theaterstadt** fort, an deren Beginn das Ottoneum 12 stand.

Bedeutende kulturelle Aufführungen wurden im Laufe der Geschich-

025ka-df

te an verschiedenen Orten der Stadt dem Publikum nähergebracht. Landgraf Friedrich II. ließ z. B. 1771 ein Komödienhaus errichten, das aber nur wenige Jahre später abbrannte. Er war es auch, der Simon Louis du Ry beauftragte, an der Stelle der heutigen GALERIA Kassel ein Opernhaus zu bauen. Aus diesem Grund trägt das Areal in der Innenstadt auch den Namen **Opernplatz.** Nachdem das Haus zwischenzeitlich aus Kostengründen geschlossen wurde, ließ es Kurfürst Wilhelm II. 1821 als Hoftheater wiedereröffnen, wobei vor allem französische und italienische Opern den Spielplan prägten.

Dass Kassel in dieser Zeit als eine der Opern-Hochburgen Europas galt, lag auch an dem berühmten Komponisten **Louis Spohr**, der hier als Hofkapellmeister wirkte. Auch **Gustav Mahler** war zwischen 1883 und 1885 Musik- und Chordirektor am Hoftheater. Da sich das Gebäude aber angesichts der wachsenden Bevölkerungszahl zunehmend als unzureichend erwies, wurde die alte Oper Anfang des 20. Jahrhunderts abgerissen und durch einen Neubau ersetzt. Das barock anmutende **Neue Hoftheater** – auch Preußisches Staatstheater genannt – an der Südostseite des Friedrichsplatzes besaß mit rund 1450 Sitzplätzen eine der größten Bühnen Deutschlands und konnte sich in der Folgezeit einen hervorragenden Ruf erspielen. Kaiser Wilhelm II., der auch der Eröffnung 1909 beiwohnte, gehörte zu den regelmäßigen Besuchern des Hauses.

Nachdem Teile des Theaters im **Zweiten Weltkrieg** zerstört wurden, entschloss sich die Stadt dazu, das Gebäude abzureißen – trotz vehementer Proteste seitens der Bevölkerung. Der Neubau sollte für einen handfesten Skandal sorgen: Eigentlich war schon beschlossen, den visionären Entwurf des Architekten-Duos Hans Scharoun, der später auch die Berliner Philharmonie entwarf, und Herrmann Mattern zu verwirklichen, doch wenige Wochen nach Baube-

Die Aufführungen im Staatstheater umfassen zahlreiche Sparten

ginn entzog die Landesregierung den Architekten den Auftrag – und führte dabei finanzielle und terminliche Bedenken als Begründung an. Der Streit zwischen Scharoun und Mattern auf der einen und der Regierung auf der anderen Seite sorgte als **„Staatstheater-Katastrophe"** bundesweit für Schlagzeilen. Stattdessen wurde **Paul Bode,** Bruder des documenta-Gründers Arnold Bode, mit dem Bau des neuen Theaters beauftragt, das schließlich im September 1959 feierlich eröffnet werden konnte.

Trotz der damaligen Querelen ist das Staatstheater als **Dreispartenhaus** mit Schauspiel, Musik- und Tanztheater heute aus der kulturellen Landschaft der Stadt nicht mehr wegzudenken. Rund 30 Neuinszenierungen pro Jahr sorgen dabei für ein abwechslungsreiches Programm, mit dem sich das Haus den Fragen der Gegenwart stellen möchte.

Not macht erfinderisch: Wegen einer **umfassenden Sanierung** des Staatstheaters werden die Stücke in der Spielzeit 2023/2024 auf der sog. Raumbühne hinter den Kulissen aufgeführt, die die Distanz zwischen den Darstellern und dem Publikum aufhebt und die Zuschauer stärker einbeziehen soll.

› Friedrichsplatz 15, Tel. 1094222, www.staatstheater-kassel.de

Astronomie-Fans kommen in der Orangerie auf ihre Kosten

Das grüne Kassel und der Weinberg

Mit seinen zahlreichen Parks und Gartenanlagen zählt die nordhessische Metropole zu den grünsten Städten Europas. Direkt an die Innenstadt angrenzend befindet sich der barocke **Staatspark Karlsaue** mit seinem beeindruckenden **Orangerieschloss** 14, der malerischen **Blumeninsel Siebenbergen** 16 und den kleinen Kanälen. Zu Beginn des 18. Jahrhunderts als symmetrisch ausgerichteter Barockgarten angelegt, wurde er später im Stil eines **englischen Landschaftsgartens** umgestaltet.

Ein weiteres Kleinod im Grünen stellt der weitläufige **Park Schönfeld** dar, der u. a. mit dem 1777 erbauten **Schloss Schönfeld** 17 und dem **Botanischen Garten** 18 lockt.

Eine wechselhafte Geschichte hat der **Weinberg** mit seiner vielfältigen Pflanzenwelt zu bieten. Während des Zweiten Weltkriegs lebten in den Gängen und Stollen der **Bunkeranlage** im Weinberg bis zu 10.000 Menschen, um Schutz vor den Bombardierungen der Alliierten zu finden. Inmitten des historischen Geländes befinden sich zwei Museen, die auf ihren Gebieten zu den prägendsten Einrichtungen zählen: die **Grimmwelt** 20 und das **Museum für Sepulkralkultur** 19.

14 Orangerieschloss ★★ [P3]

Vom documenta-Außenkunstwerk „Rahmenbau" (s. S. 21) genießt man einen herrlichen Ausblick auf den Staatspark Karlsaue, den man von hier aus über die Gustav-Mahler-Treppe erreicht. Hingucker ist das barocke Orangerieschloss mit seiner markanten gelben Fassade.

026ka ©hellzbellz1, stock.adobe.com

Anfang des 18. Jahrhunderts als Sommerresidenz für Landgraf Karl und seine Frau Maria Amalia und als Gewächshaus für exotische Pflanzen gebaut, beherbergt das Schloss heute das **Astronomisch-Physikalische Kabinett** und das **Planetarium**, die leider beide **vorübergehend geschlossen** sind (Stand Sommer 2023). Ihren Namen verdankt die Orangerie der Tatsache, dass früher im Mittelbau zahlreiche Orangen- und Lorbeerbäume überwinterten. Das Schloss sollte als architektonisches Zentrum der ebenfalls von Landgraf Karl geplanten Karlsaue (s. S. 42) dienen.

Im Zweiten Weltkrieg wurde das Bauwerk bis auf die Außenmauern zerstört, 1959 diente die Ruine als Kulisse für die documenta 2. Erst im Lauf der 1970er-Jahre wurde die Orangerie in vereinfachter Form wiederaufgebaut.

Das bis **auf Weiteres für Besucher geschlossene Astronomisch-Physikalische Kabinett** beherbergt eine Sammlung bedeutender Messinstrumente und Uhren, die zu den weltweit bedeutendsten ihrer Art zählt. Das ist nicht zuletzt dem großen Interesse der Landgrafen an den Naturwissenschaften zu verdanken. So gründete Landgraf Wilhelm IV. 1560 im Kasseler Stadtschloss die **erste neuzeitliche Sternwarte Europas.** Die Landgrafen schafften in der Folgezeit für Lehr- und Forschungszwecke wertvolle Uhren, Vakuumpumpen, Mikroskope, Fernrohre und Elektrisiermaschinen an, wodurch die Sammlung weiter anwuchs. Zu den noch erhaltenen Highlights zählt u. a. die **Planetenuhr** von Landgraf Wilhelm IV., die nach mehrjähriger Bauzeit durch den Instrumentenmacher Ebert Baldewein 1562 fertiggestellt wurde. Dieses Meisterwerk, das dazu diente, die Umlaufbahnen der Planeten zu zeigen, ist eine von nur noch vier weltweit erhaltenen Planetenuhren aus der Zeit der Renaissance.

Auch das **Planetarium** im Apollo-Saal in der dritten Etage der Orangerie ist **vorübergehend geschlossen** – wegen fehlendem Fachpersonal. Modernste Technik wird angewandt, um

MEIN TIPP

Abstecher ins Universum

Für Astronomiefreunde bietet die Karlsaue eine besondere Attraktion: Dort gibt es den **Planetenwanderweg,** auf dem die Abstände und Größen der Planeten unseres Sonnensystems im Maßstab von 1 : 495 Millionen verkleinert sind. Ausgangspunkt des Wegs ist die Orangerie ⓮, über deren gläsernen Eingang eine Sonne angebracht ist. Folgt man den Wegen auf der Karlswiese, findet man in korrekten Abständen die Planeten, die um die Sonne kreisen – zunächst den Merkur, dann die Venus und die Erde. Die Planeten werden dabei durch Edelstahlkugeln dargestellt, die an den jeweiligen Standorten in metallene Erklärtafeln eingelassen wurden. Darauf sind die wichtigsten Informationen über die einzelnen Himmelskörper verzeichnet.

Nach der Erde passiert man längs der Achse der Karlsaue zunächst den Mars, ehe man an der Schwaneninsel eine goldene Kugel auf dem Tempel erblicken kann – den Jupiter. Aufgrund ihrer immensen Entfernung von der Sonne befinden sich Saturn und Uranus nicht mehr im Staatspark.

atemberaubende Reisen durch den Weltraum zu simulieren. Dabei wird der Sternenhimmel mittels eines Hybrid-Projektionssystems auf eine Kuppel mit zehn Meter Durchmesser projiziert. Die Wiedereröffnung ist noch für das Jahr 2023 geplant. Interessierte sollten sich vor einem Besuch auf der Website informieren, ob das Planetarium wieder geöffnet ist.

› An der Karlsaue 20a, www.heritage-kassel.de/standorte/planetarium, Tel. 31680500, geöffnet: Di.–So. 10–17 Uhr, Eintritt: Erw. 6 €, erm. 4 €, Kinder 2 €

⓯ Marmorbad ★ [P3]

Direkt neben dem Schloss befindet sich ein Gebäude mit quadratischem Umriss, das von außen dem Baustil der Orangerie nachempfunden wurde. Dabei handelt es sich um das Marmorbad, das der Bildhauer **Pierre Etienne Monnot** im Auftrag von Landgraf Karl zwischen 1722 und 1728 errichtete. Der Pavillon, der trotz seines Namens nie als Badehaus, sondern eher für repräsentative Anlässe und rauschende Feste genutzt wurde, ist das letzte erhaltene spätbarocke Badegebäude in Deutschland. Laut einer Legende soll Jérôme Bonaparte hier einmal in Rotwein gebadet haben. Obwohl die Erzählung vermutlich jeder Grundlage entbehrt, passte sie aber zum Bild des verschwendungssüchtigen Regenten, den die Kasseler gerne aufs Korn nahmen.

Im Inneren des Gebäudes staunt man als Besucher über die **prachtvolle Innenarchitektur** mit marmornen Skulpturen und Wandreliefs, einem hellen Steinfußboden und farbig strukturierten Wänden. Im Zentrum befindet sich das achteckige Badebecken, das mit Pfeilern und Statuen eingefasst und per Treppenzugang zu erreichen ist.

Bei der Gestaltung des Marmorbades ließ sich Monnot von den **„Metamorphosen"** des römischen Dichters Ovid inspirieren, sodass einige Kunstwerke die tragischen Liebesgeschichten aus dem mythologischen Werk darstellen. Es ist beeindruckend, mit welchem Detailreichtum die Skulpturen und Wandreliefs geschaffen wurden, die einen zu einem spannenden Rundgang durch die antike Mythologie verleiten. Die Motive reichen von der Entführung der Europa durch Jupiter über die Hochzeit des Bacchus

027ka ©Asvolas, stock.adobe.com

mit Ariadne und die Geburt der Venus bis zur Geschichte von Narziss und der Befreiung der Andromeda. Auch Landgraf Karl und seine Gattin sind mit aufwendigen Porträtbüsten verewigt.

Zahlreiche Hintergrundinformationen zur Geschichte des Marmorbades und der hier dargestellten Kompositionen **liefert ein Audioguide**, der im Ticketpreis enthalten und genau wie die Eintrittskarten an der Kasse der Orangerie erhältlich ist.

› An der Karlsaue 20d, www.heritage-kassel.de/standorte/marmorbad, Tel. 31680625, Eintritt: Erw. 4 €, erm. 3 €, bis 18 Jahre frei, geöffnet: 1. April–31. Oktober Di.–So. 10–17 Uhr

Ein buntes Pflanzenparadies erwartet die Besucher auf der Blumeninsel Siebenbergen

16 Blumeninsel Siebenbergen ★★ [ek]

Am südlichen Ende der Karlsaue erstreckt sich die wunderschöne Blumeninsel Siebenbergen, die man von der Orangerie 14 aus auf Wegen entlang des Aueteichs erreichen kann. Während des Spaziergangs erhält man einen schönen Blick auf die **Schwaneninsel**, in deren Mitte ein **klassizistischer Tempel** steht. Auf der grünen Kuppel ist eine goldene Kugel angebracht, die den Planeten Jupiter darstellen soll (s. S. 44). Die Insel ist jedoch nicht zugänglich, da kein Steg über das Wasser führt.

Die **Blumeninsel Siebenbergen**, deren Geschichte eng mit der Schwaneninsel zusammenhängt, ist dagegen über eine Brücke erreichbar. Sie entstand zu Beginn des 18. Jahrhunderts, als der Aueteich, der auch „Großes Bassin" genannt wird und sich direkt auf der Mittelachse der

Karlsaue befindet, angelegt wurde. Der Name Siebenbergen rührt vermutlich daher, dass ursprünglich diverse kleine Ausblickshügel auf dem Eiland vorhanden waren, ehe man sie zu Beginn des 19. Jahrhunderts abtrug und die Insel neu bepflanzte. **Hofgärtner Wilhelm Henze** (1793–1874) gestaltete sie im Stile eines englischen Landschaftsgartens. Unter seiner Regie entwickelte sich die Insel zur berühmtesten Blumeninsel Hessens. Er ließ nicht nur zahlreiche neue Wege anlegen, sondern auch viele exotische Pflanzen einsetzen. Auf der Nordseite der Insel befindet sich ein Denkmal für den damaligen Chef der kurhessischen Gartenverwaltung, das 1897 eingeweiht wurde.

Angesichts der **mehr als 100 verschiedenen Pflanzenarten** aus aller Welt verkörpert das Eiland ein wahres Naturerlebnis, das mit seinem bunten Blütenmeer, dem Ausblick über die Wasserflächen und seiner Vielfalt an Blumen, Bäumen und Sträuchern eine wunderbare Atmosphäre bietet. In einem Pflanzenbuch, das an der Kasse erhältlich ist, kann man sich über die farbenprächtige Flora informieren. Um die Insel zu erkunden, sind drei Höhenbereiche zu bewältigen – der Aufstieg, den man dafür in Kauf nehmen muss, lohnt sich jedoch allemal. Mehrere Bänke bieten die Möglichkeit, eine kleine Pause einzulegen und die Erhabenheit der Natur ganz in Ruhe auf sich wirken zu lassen. Das kann man auch gut im angrenzenden Café Siebenbergen (s. S. 86). Gäste des Cafés genießen eine schöne Aussicht auf die gleichnamige Blumeninsel.

› www.heritage-kassel.de/standorte/insel-siebenbergen, Eintritt: Erw. 3 €, erm. 2 €, bis 18 Jahre frei, geöffnet: April–Oktober, Di.–So. 10–18 Uhr

17 Schloss Schönfeld ★ [ek]

Mitten im Park Schönfeld, der knapp anderthalb Kilometer westlich der Blumeninsel Siebenbergen 16 liegt und alljährlich Austragungsort des Brüder-Grimm-Festivals (s. S. 99) ist, steht ein eher kleines Schloss, das 1777 vom preußischen Offizier **Nikolaus von Schönfeld** als Sommerresidenz gebaut wurde. Nachdem das Gebäude bereits in den ersten Jahrzehnten mehrfach den Besitzer gewechselt hatte, wurde es nach den napoleonischen Eroberungen 1809 an **Jérôme Bonaparte**, Herrscher des neuen Königreichs Westphalen, verkauft, der es weiter ausbauen ließ. Das Schloss diente dem jüngsten Bruder Napoleons nicht nur dazu, dort rauschende Feste zu feiern, sondern auch als Rückzugsort, um mit seinen diversen Geliebten die Nacht zu verbringen. 1813 wurde in dem Schlösschen eine **uneheliche Tochter Jérômes** geboren, der er den Titel „Gräfin von Schönfeld" verlieh.

Nach dem Ende des Königreichs fiel das Schloss in den Besitz von Kurfürst Wilhelm I. Sein Sohn Wilhelm II. schenkte es direkt nach seinem Regierungsantritt seiner Frau Auguste, die dort den sogenannten **Schönfelder Kreis** versammelte. Die Kurfürstin, die schon seit Jahren von ihrem Mann getrennt lebte, traf sich dabei mit der intellektuellen Elite Kurhessens. Dieser der Romantik nahestehende Zirkel bildete eine Opposition gegen den Kurfürsten, dessen autokratischer Politik er ablehnend gegenüberstand.

Anfang des 20. Jahrhunderts erwarb die Stadt Kassel das Schloss und renovierte es umfangreich. Nachdem es im Ersten Weltkrieg als Hilfslazarett und Militärgefängnis genutzt wurde, stellte im Zweiten Weltkrieg der große Luftangriff auf Kassel im Oktober 1943 für das Gebäude einen großen Einschnitt dar: Nicht nur der Westflügel wurde zerstört, sondern auch der Mittelpavillon erheblich beschädigt. Erst 1965 begann der Wiederaufbau.

MEIN TIPP

Der Klangpfad

Wer durch den Park Schönfeld schlendert, dem fallen diverse **Objekte aus Stein, Metall und Holz** auf, die hier an verschiedenen Orten in die Landschaft integriert wurden. Dabei handelt es sich um **Klanginstallationen,** die den Spaziergängern die Möglichkeit geben sollen, sich auf eine musikalische Entdeckungsreise zu begeben. Die verschiedenen „Instrumente", die von diversen Künstlern entworfen wurden, verbinden Kunst, Musik und Bewegung und laden die Besucher des Parks zum Verweilen und Spielen ein.

Seien es die Basalt-Fächer, das Baumstamm-Xylophon, der Summstein oder das Klanggitter aus Edelstahl: Es ist schon erstaunlich, welch schöne Klänge man mit diesen Objekten fabrizieren kann, wenn man sich mit ihnen befasst. Nach Vorstellung des Musikpädagogen **Walter Sons,** der 2002 die Idee für dieses Projekt präsentierte und sie anschließend mit Bürgern der Stadt realisierte, sollen sich die Töne der Natur mit denjenigen der Installationen verbinden und somit einen Ort der Entspannung und der Kreativität entstehen lassen. 2020 wurde mit einer **Klangpyramide** das zehnte und letzte Klangobjekt im Park Schönfeld feierlich eingeweiht und damit das gesamte Projekt erfolgreich abgerundet. Gruppen können auf Anfrage spezielle Klangspaziergänge buchen. Mehr Informationen unter www.klangpfad-kassel.de.

028ka-cl

Dass das Schloss heutzutage so gut dasteht, ist nicht zuletzt dem Verein **Schloss Schönfeld e. V.** zu verdanken. Dieser Zusammenschluss von Privatpersonen aus Geschäftswelt, Wissenschaft und Kultur hat es sich ab 1985 zur Aufgabe gemacht, das vom Verfall bedrohte Gebäude grundlegend zu sanieren. Das Unterfangen ist geglückt: Schloss Schönfeld ist wieder ein Kleinod im Grünen, das dank des stimmungsvollen Ambientes der Neorenaissance ein **beliebter Ort für Trauungen** ist.

Im Schloss Schönfeld (17) feierte Napoleons Bruder rauschende Feste

Vor dem Schlösschen befindet sich zudem ein Hauptwerk des Kasseler Bildhauers **Johann Werner Henschel:** die sehenswerte Brunnenskulptur „Hermann und Dorothea" nach einem Epos von Johann Wolfgang von Goethe.

› Bosestraße 13, Bus 25 (Haltestelle Botanischer Garten) oder Straßenbahn 5/6 (Haltestelle Park Schönfeld)

18 Botanischer Garten ★★ [dj]

Am Rande des Parks Schönfeld gelegen, zeigt der Botanische Garten **zu jeder Jahreszeit ein anderes Gesicht.** Seine Wurzeln reichen ins Jahr 1912 zurück, als er in der Nachbarschaft des Schlosses Schönfeld 17 als Schulgarten eingerichtet wurde. Nachdem die Anlage kurz nach dem Zweiten Weltkrieg in einen Botanischen Garten umgewandelt wurde, bildete die Bundesgartenschau 1955 einen idealen Anlass, das Areal grundlegend neu zu gestalten. Bis heute sind die typischen gartenarchitektonischen Elemente der Nachkriegszeit, wie die luftige Bepflanzung, die mit Sandstein terrassierten Flächen und die Wasserbecken, erhalten geblieben.

Dass sich dieses Schmuckstück der Gartenkunst der 1950er-Jahre weiterhin in dieser Form den Besuchern präsentieren kann, war jedoch nicht immer klar. 1982 stellte die Stadt die finanzielle Unterstützung für den Garten ein, der dadurch in eine öffentliche Grünfläche umgewandelt wurde. Erst zu Beginn des neuen Jahrtausends wurde der Botanische Garten zu neuem Leben erweckt, was unter anderem die **Themenbeete** hervorgebracht hat.

Das Areal ist ein hervorragender Ort zum Flanieren und Verweilen – mitsamt kleinen Teichen und einem Spielplatz für die Kleinen. Vom Haupteingang aus wird der Besucher von einer Allee aus **80 Kaiserlinden** begrüßt, die auf beiden Seiten des Wegs ein Spalier bilden. Folgt man dieser 2003 angelegten Allee, erreicht man die verschiedenen Themengärten. Auf der linken Seite erstreckt sich zunächst der **Staudengarten**, bestehend aus 18 Beeten, in denen wunderschöne Blüten sprießen. Wenn man der Allee weiter folgt, erblickt man nach wenigen Metern rechts ein Areal, das in Form eines Hexagramms angeordnet ist – ein **Heilkräutergarten** mit rund 60 verschiedenen Kräutern.

Rhododendren, Azaleen und verschiedene Farne: Der weitere Verlauf des Botanischen Gartens ist ebenfalls durch eine abwechslungsreiche Pflanzenpracht gekennzeichnet. Besonders stachelig wird es dagegen am Ende des Rundgangs: Mit viel ehrenamtlichem Engagement werden im **Kakteenhaus** 300 verschiedene Kakteen und Sukkulenten liebevoll präsentiert.

› Bosestraße, Tel. 73979770, www.botanischer-garten-kassel.de, Eintritt: frei, geöffnet: Haupttor ganzjährig 8–19.30 Uhr, Südtor zwischen November und März geschlossen, Westtor mit wechselnden Zeiten

19 Museum für Sepulkralkultur ★★★ [N3]

Auf den ersten Blick mag es etwas befremdlich erscheinen, ein Museum zu besuchen, das sich in erster Linie mit dem Tod auseinandersetzt. Schließlich werden Themen wie Sterben, Begräbnis und Trauer normalerweise eher verdrängt. Auf dem Gelände der ehemaligen Villa der Familie

Henschel auf dem Weinberg gebaut, stellt das Museum für Sepulkralkultur eine in Deutschland einzigartige Einrichtung dar, die kein Erschrecken, sondern eher Erstaunen hervorruft.

Der Begriff Sepulkralkultur leitet sich vom lateinischen Begriff „sepulcrum“ ab, der Grab oder Grabstätte bedeutet. Ruhestätten sind aber nur ein kleiner Teil der Exponate, die in dem 1992 als weltweit erstes Museum seiner Art ausgestellt werden. Vielmehr werden mannigfaltige **Zeugnisse der Bestattungs- und Friedhofskultur** im deutschsprachigen Raum vom Mittelalter bis heute gezeigt, um zu illustrieren, welchem Wandel diese in den vergangenen Jahrhunderten unterworfen war.

Schwerpunkt des Museums ist **die Dauerausstellung auf zwei Ebenen.** Das Untergeschoss widmet sich dabei den Komplexen Sterben, Tod, Trauer, Friedhof und Grabmal. Im zweiten Obergeschoss werden Bestattungsriten verschiedener Religionen und Kulturen vorgestellt. Das mittlere Areal des Museums wiederum bietet Platz für wechselnde Ausstellungen. Betritt der Besucher den Museumsbau, wird er gleich mit der **Endlichkeit des Seins** in all ihren Facetten konfrontiert. Im Untergeschoss erwarten ihn nicht nur kunstvoll bemalte Särge und Gedenktafeln, sondern auch frühere Totenbekleidungen, Sterbekreuze, Leichenwagen und sogar Sterbeszenen, die auf Bildern festgehalten wurden. Die Inhalte, die der Besucher hier zu Gesicht bekommt, sind wahrlich keine leichte Kost. Nichtsdestotrotz überzeugt das Museum nicht nur durch die Eindrücklichkeit seiner Exponate, sondern auch mit den vielen Informationen, die in den Räumlichkeiten vermittelt werden.

Etwas kleiner, aber nicht weniger sehenswert ist der zweite Teil der Dauerausstellung rund um verschiedene Begräbniskulturen im oberen Teil des Museums.

Wer sich nach dem Besuch der Ausstellung noch weiter über Tod, Sterben, Gedenken und Bestattung informieren möchte, hat dazu (nach Vorankündigung per E-Mail) in der **hauseigenen Bibliothek** die Möglichkeit. Sie ist mit zahlreichen Monografien, Sonderdrucken und Zeitschriftenartikeln ausgestattet.

In den kommenden Jahren soll das rund 22.000 Exponate beherbergende Museum umfassend umstrukturiert werden. Ziel ist es, die Dauerausstellung auszubauen und neu einzurichten. Aktuelle Themen wie „Suizid“ oder „Organspende“ sollen dann stärker aufgegriffen werden.

› Weinbergstraße 25, Tel. 918930, www.sepulkralmuseum.de, Eintritt: Erw. 8 €, erm. 5 €, Kinder unter 6 Jahren frei, geöffnet: Di., Do.-So. 10-17 Uhr, Mi. 10-20 Uhr

20 Grimmwelt ★★★ [N3]

Schon vom Weitem sieht man, dass dieses Gebäude auf dem Weinberg etwas Besonderes sein muss: 2015 aus Kalkstein erbaut, thront die Grimmwelt mit Freitreppe und begehbarem, 2000 m² großem Dach fast wie eine Akropolis über Kassel. Rund 20 Mio. € hat der Bau dieser architektonischen Meisterleistung gekostet, für die das beauftragte Architekturbüro diverse Preise einheimsen konnte.

Das Ausstellungshaus, das sich direkt neben dem Museum für Sepulkralkultur 19 befindet, widmet sich auf versetzten Ebenen in mehreren Themenspektren dem Leben und Wirken von **Jacob und Wilhelm**

Grimm. Die Brüder sind zwar vor allem aufgrund ihrer Märchensammlung berühmt geworden, doch wie die Grimmwelt zeigt, dürfen auch ihre bahnbrechenden Errungenschaften in den Bereichen der Sprach- und Kulturforschung oder der Literatur- und Rechtswissenschaften nicht außer Acht gelassen werden, da sie die Nachwelt bis heute prägen. Entsprechend liegt der Schwerpunkt des Ausstellungshauses nicht primär auf den Märchen, sondern auch auf den **sprachwissenschaftlichen Studien** der Brüder Grimm.

Das Museum gliedert sich in die Dauer- und die Sonderausstellung. Die **Dauerausstellung** behandelt die Sprachforschung, Märchen und Biografie der Brüder. Wahrlich innovativ ist dabei der Ansatz, dass der Rundgang in 25 Stationen unterteilt ist,

Die Geschichte des Weinbergs

Der Weinberg mit seinen gewaltigen Stützmauern kann seit seiner ersten urkundlichen Erwähnung im 13. Jh. eine bewegte Geschichte vorweisen. Wie der Name des Geländes verrät, diente es zunächst dem Weinanbau. Die Muschelkalkfelsen stellten einen idealen Anbauort für wärmebedürftige Kulturpflanzen dar. Am Fuß des Bergs entstand das Dorf Weingarten, dessen Bewohner v. a. Winzer und Landwirte waren. 1385 wurde es durch die Truppen des Erzbischofs von Mainz komplett verwüstet. Noch bis ins 17. Jh. wurde das Areal für den ursprünglichen Zweck genutzt. Später wurde der fürstliche Besitz an Bürger verkauft, was die Anlage von mehreren Gärten und die Eröffnung von Ausflugslokalen nach sich zog.

029ka-cl

1825 wurden Stollen in die Felsen getrieben, in denen die Kasseler Brauer ihre Biere kühlen konnten. Gleichzeitig entstanden bürgerliche Stadtvillen: Die berühmte Industriellenfamilie Henschel erwarb einen Teil des Areals und ließ eine pompöse klassizistische Villa errichten. Anfang des 20. Jh. baute Karl Henschel das im Vergleich zur Villa noch deutlich größere „Haus Henschel" mit Nebengebäuden. In dieser Zeit entstand auch die Terrassierung des Geländes mit Treppen, Balustraden und schmiedeeisernen Geländern, die das Bild noch heute prägen.

Aus Protest gegen die hohen Hauszinssteuern ließ Oskar Henschel das „Haus Henschel" 1931 abreißen, die prachtvolle Villa wurde zudem im Zweiten Weltkrieg zerstört. Von dem restlichen Anwesen und dem Garten blieben nur Ruinen übrig, die von der Stadt erworben wurden. Die mehr als

die sich an den Buchstaben des Alphabets und entsprechenden Stichworten orientieren, die sich auch im **„Deutschen Wörterbuch"** von Wilhelm und Jacob Grimm finden, an dem sie ab 1838 arbeiteten. Sie wollten damit ein Werk schaffen, das der deutschen Sprache bis ins 16. Jahrhundert folgt und die Herkunft und den Gebrauch der deutschen Wörter beschreibt. Es handelt sich um die umfangreichste lexikografische Darstellung der deutschen Sprache, obwohl die Brüder die Sammlung während ihres Lebens nicht mehr fertigstellen konnten. Das Stichwort „Froteufel" war der letzte Eintrag, den Jacob Grimm vor seinem Tod 1863 ablieferte. Es sollte letztlich bis 1961 dauern, ehe das Werk mit dem Buchstaben Z abgeschlossen werden konnte.

zwei Kilometer lange Stollenanlage innerhalb des Bergs wurde 1942 zu einem Luftschutzbunker umgebaut, in dem zeitweise bis zu 10.000 Personen auf engstem Raum lebten. Weil der Bunker nur für einen kurzfristigen Aufenthalt ausgelegt war, mussten die Menschen mit Handkurbeln für Belüftung sorgen. Die Räumlichkeiten boten Schutz vor den Bombenangriffen der Alliierten, doch die Enge in den Stollen sorgte dafür, dass viele Menschen an Infektionskrankheiten oder an Sauerstoffmangel starben. Einen Eindruck von der bedrückenden Situation im ehemaligen Bunker vermitteln die Führungen des Feuerwehrvereins (s. S. 125).

Bis in die 1990er-Jahre diente die verzweigte Anlage noch als Zivilschutzeinrichtung der Stadt. An den Wänden sind nicht nur Schriften und Zeichen aus der Zeit des Luftschutzbunkers, sondern auch diverse Wegweiser für eine Techno-Party zu lesen. 1992 hatten zwei junge Männer eine illegale Feier in der denkmalgeschützten Anlage organisiert, die aus dem Ruder lief und von der Feuerwehr und der Polizei aufgelöst wurde. Während der documenta 13 ließ die damalige Leiterin Carolyn Christov-Bakargiev zwei Stollen als Ausstellungsort bespielen.

Der obere Teil des Weinbergs, der sog. Henschel-Garten, wurde nach den Zerstörungen im Zweiten Weltkrieg im Zug der Bundesgartenschau 1955 in eine Parkanlage umgewandelt, die seitdem der Öffentlichkeit zugänglich ist. Dagegen blieb der untere, terrassierte Bereich lange Zeit verschlossen. Nicht zuletzt im Zuge der documenta 13 konnten zahlreiche Sponsoren gefunden werden, die erheblich dazu beitrugen, dass das Areal wieder in neuer Pracht erstrahlt. Dank ihrer üppigen Bepflanzung mit vielfältigen Blumen, Stauden, Weinreben, zahlreichen Obstbäumen und der „Perle von Weissenstein", der ältesten deutschen Zuchtrose, die im 18. Jh. in Kassel gezüchtet wurde, bieten die Weinbergterrassen v. a. im Sommer den Besuchern ein farbenfrohes Schauspiel. Geöffnet sind sie zwischen April und Oktober jeweils von 8 bis 19.30 Uhr. Mehr Infos zur Geschichte des Weinbergs, den erfolgten Sanierungen und den Sehenswürdigkeiten finden sich unter www.weinberg-kassel.de. Dort gibt es auch Näheres zur **Weinberg-Tour,** einem digital unterstützten Rundgang, bei dem man mittels QR-Codes Hintergrundinformationen zu verschiedenen Stationen am Weinberg erhält.

083ka-cl

⌃ *Museum mit preisgekrönter Architektur: die Grimmwelt* 20

Das Ausstellungshaus überzeugt auch durch seine Multimedialität und seine Anschaulichkeit. Ein liebevoll gestaltetes Diorama des Künstlers Alexej Tchernyi stellt die mehr als 100 Jahre andauernde Entstehungsgeschichte des „Deutschen Wörterbuchs" in 14 Szenen dar, zudem hat der Besucher die Möglichkeit, in einem Spiel Wörter aus den einzelnen Büchern miteinander zu verbinden. Folgt man einer Treppe nach unten, gelangt man in den Bereich, in dem die **Märchen** im Vordergrund stehen. Dabei stößt der Besucher zuvor im Foyer auf fünf farbig angemalte Baumteile auf dem Boden. Dabei handelt es sich um eine Arbeit des chinesischen Künstlers **Ai Weiwei** mit Titel „Coloured Roots 2009–2015", für die er südchinesische Holzwurzeln mit Autolack bearbeitet hat. Das Werk passt thematisch ideal zu den Grimms, da sie ihre Arbeit als **„Wurzelforschungen"** bezeichneten. Gleichzeitig leitet es über zu dem Ausstellungsteil über die Grimmschen Märchen, in dem auch ein Märchenwald aufgebaut ist. In einer Videoinstallation wird „Rumpelstilzchen" in mehr als 20 Sprachen und Dialekten vorgelesen. Zugleich kann man auf dieser Ebene direkt in die Märchen eintauchen: im Lebkuchenhaus der Hexe oder im Haus von Rotkäppchens Großmutter erwarten den Besucher einige Überraschungen.

Flankiert werden die Angebote von einer großen Anzahl an Exponaten aus der Zeit der Grimms. Als besonders wertvoll gelten dabei ihre persönlichen Exemplare der Kinder- und Hausmärchen, die sogenannten „Handexemplare" mit Anmerkungen und Notizen der Brüder, die in die UNESCO-Liste „Memory of the World" aufgenommen wurden. Daneben werden aber auch **Originalbriefe** der Sprachwissenschaftler und Volkskundler und weitere persönliche Gegenstände ausgestellt.

› Weinbergstraße 21, Tel. 5986190, www.grimmwelt.de, Eintritt: Erw. 10 €, erm. 7 €, geöffnet: Di.–Do., Sa., So. 10–18 Uhr, Fr. 10–20 Uhr

032ka-cl

21 Neue Galerie ★★ [03]

Oberhalb der Karlsaue und nur wenige Gehminuten von der Grimmwelt entfernt, befindet sich an der Schönen Aussicht ein im klassizistischen Stil erbautes Museumsgebäude, in dem in sehr offen gestalteten Räumen beeindruckende Malereien und Skulpturen aus der Zeit vom 19. Jahrhundert bis heute gezeigt werden. Begrüßt werden die Besucher seit 2022 von **zwei Skulpturen des Bildhauers Karl Hassenpflug**, die links und rechts oberhalb des Eingangsportals angebracht sind. Die beiden Figuren, die im Zweiten Weltkrieg stark beschädigt und nun umfassend restauriert wurden, repräsentieren die Künstler Rubens und Rembrandt.

Der ursprüngliche Bau wurde in den Jahren 1871 bis 1877 nach den Plänen des Architekten **Heinrich von Dehn-Rotfelser** errichtet, wobei ihm die Alte Pinakothek in München als Vorbild für die Grundrissgestaltung diente. Bis zum Zweiten Weltkrieg beherbergte die Gemäldegalerie die Sammlung des Landgrafen Wilhelm VIII., die unter anderem aus Werken niederländischer Alter Meister bestand. Während der Kriegshandlungen erlitt das Gebäude schwere Schäden, die Gemäldegalerie Alte Meister und die Bestände des 18. Jahrhunderts wurden wenige Jahre später ins Schloss Wilhelmshöhe 27 ausgelagert. Die Neue Galerie wurde derweil wiederaufgebaut und im September 1976 mit neuem Konzept und unter ihrem heutigen Namen eröffnet.

Heute präsentiert sich die Neue Galerie als helles und aufgeräumtes Ausstellungshaus, das die **städtischen und staatlichen Kunstsammlungen** beherbergt. Das Angebot umfasst sowohl Wechselausstellungen als auch permanente Ausstellungen (im Erdgeschoss und der ersten Eta-

In der Neuen Galerie ist Kunst vom 19. bis zum 21. Jahrhundert zu bestaunen

ge). Der untere Bereich widmet sich dabei der Kunst des 19. und 20. Jahrhunderts. Zu den Höhepunkten des Rundgangs zählen hierbei die Werke von Martin von Rohden, des Spätromantikers Johann Wilhelm Schirmer und des Kasseler Künstlers August Bromeis, aber auch das Kunstwerk „Maria mit dem schlafenden Jesusknaben und Heiligen" von **Ludwig Emil Grimm**, dem jüngsten Bruder von Jacob und Wilhelm Grimm.

Wirklich sehenswert sind auch zwei **Rauminstallationen**, die im Erdgeschoss eine zentrale Rolle einnehmen. Das Projekt **„Kasseler Raum – Ferne Zwecke"** der documenta-Künstlerin Ulrike Grossarth besteht aus Wandtafeln, großen Tischen mit plastischen Elementen und einer Projektion. Ein alter VW-Bus, an dem 24 Schlitten hängen, bildet die zweite Installation. Es handelt sich hierbei um das berühmte Kunstwerk **„The Pack"** („Das Rudel") **von Joseph Beuys** aus dem Jahr 1969. Anlässlich der Eröffnung des Hauses im Jahr 1976 hatte Beuys den Raum im Erdgeschoss persönlich eingerichtet, der neben „The Pack" auch noch vier Vitrinen, 29 Zeichnungen und sieben plastische Bilder enthält.

Durch die neue Präsentation **about: documenta** im Obergeschoss sollen die Besucher in die faszinierende Geschichte der documenta eintauchen. Jede der bislang 15 Ausstellungen wird in einem eigenen Kabinett vorgestellt – inklusive originaler Kunstwerke, Filme, Fotografien und Zeitungsartikel. Neuster Hingucker ist ein „Wohnzimmer", das das indonesische Künstlerkollektiv Ruangrupa zur documenta 15 eingerichtet hat.

› Schöne Aussicht 1, Tel. 31680123, Eintritt: Erw. 6 €, erm. 4 €, unter 18 Jahren frei, geöffnet: Di.–So. 10–17 Uhr

Außerhalb des Stadtzentrums

22 Brüder-Grimm-Platz ★★ [N3]

An der Schnittstelle zwischen Wilhelmshöher Allee und Oberer Königsstraße erheben sich zwei Torwachen, die eigentlich Teil einer prachtvollen Anlage werden sollten. In dem nördlichen der beiden Gebäude wohnten früher die Brüder Grimm, nach denen auch der sich hier befindende Platz benannt wurde. Ein Denkmal soll an das Wirken der beiden Sprachwissenschaftler in Kassel erinnern.

An einem **Sockel** vor dem Hessischen Landesmuseum 23, der über drei Stufen bestiegen werden kann, steht in Großbuchstaben und goldener Schrift das Wörtchen **„ICH"**. Dieses originelle Denkmal, das ursprünglich als Außenkunstwerk der „Caricatura V" (2007) eingeweiht wurde, fertigte der Kasseler Bildhauer Siegfried Böttcher nach den Plänen des Satirikers **Hans Traxler** an. „Jeder Mensch ist einzigartig": Dieses Motto Traxlers, der zuvor ein „ICH"-Denkmal in Frankfurt am Main konzipiert hatte, soll in dem Kunstwerk einen unmittelbaren Ausdruck finden, denn die Menschen sind dazu aufgerufen, sich direkt vor der Kulisse des Hessischen Landesmuseums auf den Sockel zu stellen, um sich dort als etwas Besonderes zu fühlen. Nicht selten sieht man, wie Menschen an dieser Stelle nach Lust und Laune posieren und sich fotografieren lassen.

Auf der gegenüberliegenden Straßenseite befindet sich auf der Rasenfläche ein weiteres berühmtes Denkmal. Die 1985 von der Bildhauerin **Erika Maria Wiegand** geschaffe-

Die Brüder Grimm

Rund 30 Jahre ihres Lebens verbrachten Jacob und Wilhelm Grimm in Kassel – eine Periode, die sie tief prägte. Später bezeichneten sie die Zeit als „die arbeitsamste und vielleicht fruchtbarste" ihres Lebens. Die Brüder wurden 1785 bzw. 1786 im hessischen Hanau geboren. 1791 zog die Familie nach Steinau, nach dem Tod des Vaters Philipp Wilhelm 1796 gingen Jacob und Wilhelm nach Kassel, wo sie das Lyceum Fridericianum besuchten. Eine Tante kümmerte sich um sie und sie kamen bei einem herrschaftlichen Mundkoch in einem Haus in der heutigen Elisabethstraße unter. Die Mutter und die vier Geschwister blieben in Steinau.

Nach dem Jurastudium in Marburg kehrten die Brüder 1806 nach Kassel zurück, wo sie mit ihrer Mutter und weiteren Geschwistern in der Wildemannsgasse lebten. Damals begannen sie mit der Sammlung von Volksliedern, Sagen und Märchen – die Grundlage für ihre weltberühmten „Kinder- und Hausmärchen", deren erste Auflage 1812 veröffentlicht wurde.

Nach dem Tod der Mutter 1808 arbeiteten Jacob und Wilhelm als Bibliothekare und Forscher in der Landesbibliothek. 1814 zogen sie aus der Wildemannsgasse aus und nahmen sich mit ihrer Schwester Charlotte eine Wohnung im nördlichen Torhaus am Beginn der Wilhelmshöher Allee. Bis 1822 lebten sie im zweiten Stock des Torhauses. In diese Zeit fiel auch die Arbeit Jacobs an der bahnbrechenden „Deutschen Grammatik", deren erster Band 1819 nach vierzehnmonatiger Druckzeit erschien.

Im Verlauf ihrer Zeit in Kassel wechselten die Brüder noch einige Male ihre Wohnstätte. Zwischen 1822 und 1824 residierten sie in einem Eckhaus in der Fünffensterstraße, anschließend in den Häusern Bellevue 9 (1824–1826) und Bellevue 7 (1826–1829). Während Wilhelm 1825 Dorothea Wild heiratete und mit ihr drei Kinder bekam, blieb sein Bruder unverheiratet und kinderlos.

Zwischen 1829 und 1837 lebten die Grimms in Göttingen und arbeiteten dort als Bibliothekare und Professoren. Da sie mit fünf weiteren Professoren gegen die Politik des Königs von Hannover protestierten, wurden sie aus dem Staatsdienst entlassen und kehrten nach Kassel zurück, in das Haus, das ihrem Bruder Emil gehörte (Bellevue 7). Bereits im März 1841 verließen sie Kassel jedoch endgültig, denn der neue preußische König Friedrich Wilhelm IV. holte sie an die Akademie der Wissenschaften nach Berlin. Dort arbeiteten sie vor allem an ihrem Deutschen Wörterbuch, von dem 1854 der erste Band erschien. Die Veröffentlichung des zweiten (1860) und dritten (1862) Bandes erlebte Wilhelm nicht mehr, da er 1859 im Alter von 73 Jahren verstarb. Vier Jahre nach dem Tod des Bruders starb auch Jacob Grimm. Begraben wurden die Brüder auf dem Alten St.-Matthäus-Kirchhof in Berlin. An vielen Ecken der Stadt begegnet man den Brüdern. Neben der documenta und dem Bergpark Wilhelmshöhe sind die Sprachwissenschaftler ein Aushängeschild der Stadt. Im Stadtteil Niederzwehren gibt es das sog. Märchenviertel, in dem u.a. der Sterntalerweg, der Dornröschenpfad und der Rotkäppchenweg an das Wirken der Brüder erinnern. Der Name des Viertels geht auf die frühere Bewohnerin **Dorothea Viehmann** (1755–1815) zurück, die als eine der wichtigsten Quellen für die Kinder- und Hausmärchen der Grimms gilt.

033ka-cl

ne **Bronzeskulptur** zeigt Jacob und Wilhelm Grimm. Den Namen Brüder-Grimm-Platz trägt das Areal zudem nicht ohne Grund. Die beiden Sprachwissenschaftler und Volkskundler bewohnten mit ihrer Schwester Charlotte zwischen 1814 und 1822 das **nördliche Torhaus,** das sich neben dem Denkmal befindet. Das Gebäude und das ihm gegenüberstehende südliche Torhaus gehören zu einer unvollendeten Toranlage, die der Architekt Heinrich Christoph Jussow im Jahr 1805 konzipierte. Kurfürst Wilhelm I. hatte dem Hofbaumeister den Auftrag erteilt, eine sechseckige, geschlossene Randbebauung zu

Das nördliche Torhaus: In diesem Gebäude wohnten die Brüder Grimm

realisieren. Von den beiden Torhäusern eingerahmt, sollte in der Mitte als verbindendes Element zwischen Wilhelmshöhe und der Innenstadt das **„Wilhelmshöher Tor“** entstehen. Doch infolge des Einmarschs der Franzosen und der damit verbundenen Errichtung des Königreichs Westphalen wurden die Arbeiten zunächst auf Eis gelegt und später auch nicht mehr aufgenommen.

Während das nördliche Torhaus früher zum mittlerweile abgerissenen hessischen Verwaltungsgerichtshof gehörte, werden im **südlichen Torhaus** in vier Geschossen Exponate aus den Kunstepochen Historismus, Jugendstil, Bauhaus und Art Déco, aus den 1950er-Jahren und der Postmoderne gezeigt. Die hier ausgestellten Exponate gehören der Sammlung Kunsthandwerk und Plastik des Hessischen Landesmuseums an. Allerdings ist das Gebäude bis auf Weiteres geschlossen.

In der Mitte des Brüder-Grimm-Platzes, der im Dritten Reich noch den Namen Adolf-Hitler-Platz trug, stand zwischen 1898 und dem Ende des Zweiten Weltkriegs ein **Obelisk,** der an die Reichsgründung von 1871 erinnern sollte. Danach wurde das vom Bildhauer Karl Begas geschaffene Werk hinter der Murhardschen Bibliothek (s. S. 57) im Fürstengarten platziert, damit die Straßenbahn nicht mehr um ihn herumfahren musste.

In den kommenden Jahren wird der Brüder-Grimm-Platz mit Millionenaufwand neu gestaltet. Dabei soll hier auch ein spektakulärer Neubau entstehen. Das 1923 gegründete **Deutsche Tapetenmuseum** wird an der Stelle des 2022 abgerissenen Gebäudes des hessischen Verwaltungsgerichtshofs eine neue Heimat finden, nachdem es von 1976 bis 2008 sein Domizil im Hessischen Landesmuseum hatte. Das Tapetenmuseum wird voraussichtlich 2025 öffnen (www.heritage-kassel.de/standorte/deutsches-tapetenmuseum).

Für dasselbe Jahr ist auch die Fertigstellung des Brüder-Grimm-Platzes geplant. Der historische Grundriss des Platzes soll wieder sichtbarer werden, ein immergrünes Baumrondell im Zentrum soll Ausdruck von Lebens- und Aufenthaltsqualität sein. Ziel ist es, den Platz als Schnittstelle zwischen Innenstadt und Bergpark aufzuwerten und dadurch sein touristisches Potential noch stärker auszunutzen.

23 Hessisches Landesmuseum ★ [N3]

Das Hessische Landesmuseum ist aufgrund seines charakteristischen Turms in der Mitte des Gebäudes schon von einiger Entfernung zu sehen. In dem zur Tausendjahrfeier der Stadt Kassel im Jahr 1913 eingeweihten Bauwerk können die Besucher einen detaillierten Einblick in 300.000 Jahre hessische Landes- und Kulturgeschichte gewinnen.

Das markante Gebäude, das Elemente des Jugendstils mit Bauformen der Neorenaissance kombiniert, wurde von Theodor Fischer

Mein Tipp

Die älteste erhaltene Heldendichtung in deutscher Sprache

In Kassel ist das im Stil der Neorenaissance errichtete Gebäude neben dem Fürstengarten und dem Hessischen Landesmuseum 23 eigentlich nur unter dem Namen **„Die Murhardsche“** bekannt: Mitte des 19. Jahrhunderts hatten die Brüder **Friedrich und Karl Murhard,** die zu einer der ältesten hessischen Beamtenfamilien zählten, der Stadt Kassel ihr gesamtes Vermögen zur Stiftung einer wissenschaftlichen Bürgerbibliothek hinterlassen. Im Jahr 1905 wurde die Bibliothek am heutigen Standort eröffnet. Mittlerweile beherbergt sie als Teil der Universitätsbibliothek auch die im 16. Jahrhundert von Landgraf Wilhelm IV. gegründete **Landesbibliothek,** nachdem deren vorheriger Sitz – das Fridericianum – im Zweiten Weltkrieg schwer beschädigt worden war.

Im Gebäude lagern 450.000 Bücher, darunter befinden sich zahlreiche historische Schätze. Zu den wertvollsten Beständen zählt zweifelsohne das **Hildebrandslied** aus dem 9. Jahrhundert, die älteste erhaltene Überlieferung germanischer Heldendichtung in deutscher Sprache. Sie wurde von den Hessen im Dreißigjährigen Krieg genauso wie weitere bedeutende Schriften aus der Fuldaer Klosterbibliothek geplündert. Auch der **Willehalm-Kodex** von **Wolfram von Eschenbach** aus dem Jahr 1334 und die mehr als 500 Jahre alte **Immenhäuser Gutenberg-Bibel** gehören zu den besonderen Prachtstücken. Die kostbare Handschriftenabteilung der Bibliothek setzt sich aus 450 mittelalterlichen und 10.000 neuzeitlichen Exemplaren zusammen.

Seit 2017 wird das denkmalgeschützte Gebäude mit einem finanziellen Aufwand von knapp 15 Millionen Euro umfassend saniert und erweitert. Nachdem mit der erfolgreichen Sanierung des Südturms 2020 ein erstes Etappenziel erreicht werden konnte, ist die Fertigstellung des kompletten Vorhabens für 2024 geplant.

B14 [N3] **Landesbibliothek und Murhardsche Bibliothek,** Brüder-Grimm-Platz 4A, Tel. 8047711, www.uni-kassel.de/ub/murhardsche-bibliothek, geöffnet: Mo.–Fr. 9–18 Uhr, Sa. 9–13 Uhr

konzipiert. Im Gegensatz zur fast völlig zerstörten Kasseler Innenstadt überstand das Gebäude den Zweiten Weltkrieg nahezu unbeschadet. Zwischen 2008 und 2016 wurde es für rund 30 Millionen Euro umfangreich saniert. Vom Turm aus kann man einen herrlichen Ausblick auf den Bergpark und die Innenstadt genießen.

Auf insgesamt drei Etagen erstreckt sich die Dauerausstellung, die anhand von 6000 Objekten die Zeit **von der Altsteinzeit bis zur Gegenwart** abdeckt. Dabei sind die Sammlungen der Vor- und Frühgeschichte, der Angewandten Kunst und der Volkskunde zu sehen. Eine weitere Etage ist für Sonderausstellungen reserviert. Den Auftakt des Rundgangs bilden archäologische Funde aus rund 300.000 Jahren. Neben Werkzeugen, Tontöpfen, Schädelrepliken und Stoffen sind hier auch Grabbeigaben zu bestaunen. Anhand der Ausstellungsstücke wird die Entwicklung der Menschen in Nord- und Osthessen von der Stein- bis zur Bronzezeit und der Epoche der Römer illustriert, wobei die erste Etage mit der Christianisierung Hessens im 8. Jahrhundert endet.

Die zweite Etage ist mit dem Titel „Aus der Schatzkammer der Geschichte" umschrieben und umfasst den Zeitraum vom Mittelalter bis ins 19. Jahrhundert. Ein Großteil der hier ausgestellten Exponate geht auf die **fürstlichen Sammlungen der hessischen Landgrafen** zurück, die in der Region von der Mitte des 13. Jahrhunderts bis zum 19. Jahrhundert herrschten. Barocke Bilder, edles Porzellan, eine bedeutende Bernstein- und Porzellansammlung und die persönliche Bibel von Landgraf Philipp dem Großmütigen geben einen Überblick über das Leben der Landgrafen, aber auch über das der Bevölkerung in der jeweiligen Zeit. Die Dauerausstellung schließt mit der Zeit vom 19. bis zum 21. Jahrhundert, ein Abschnitt, der durch rasante und massive gesellschaftliche Veränderungen geprägt war. Durch die Sammlung Volkskunde wird in diesem Bereich vor allem der Alltag der Menschen in den Blick genommen.

› Brüder-Grimm-Platz 5, Tel. 31680300, Eintritt: Erw. 6 €, erm. 4 €, Kinder frei, geöffnet: Di.–So. 10–17 Uhr

24 Vorderer Westen ★★★ [J2]

Restaurants, Bars, Boutiquen, Parks, prächtige Jugendstilbauten: Wohl kaum ein anderer Stadtteil in Kassel hat so viel zu bieten wie der Vordere Westen. Das Herz des Quartiers bildet dabei die Friedrich-Ebert-Straße, die auf einer Länge von knapp zweieinhalb Kilometern recht geradlinig nach Westen führt.

Der Vordere Westen ist einer der vielfältigsten und beliebtesten Gebiete Kassels und befindet sich nördlich der zentralen Achse der Wilhelmshöher Allee zwischen den Stadtteilen Mitte und Bad Wilhelmshöhe. Vom Brüder-Grimm-Platz 22 aus kann man die langgezogene Friedrich-Ebert-Straße am besten erreichen, indem man rechts auf die Ulmenstraße abbiegt und dieser dann rund 300 Meter folgt.

Von vielen Einwohnern als der schönste Kiez der Stadt bezeichnet, punktet der Vordere Westen in erster Linie mit seinem **jugendlichen, alternativen Charme**, aber auch mit seinen zahlreichen Einkaufs- und Freizeitmöglichkeiten. Mit dem imposanten **Kongress Palais** (s. S. 91), in dem neben Tagungen und Messen auch regelmäßig Konzerte zu bestaunen sind, den Ateliers, dem Theater

Samuel Beckett in Kassel

Kassel spielte für den irischen Autor Samuel Beckett (1906–1989) eine bedeutende Rolle. Der spätere Literaturnobelpreisträger besuchte in den Jahren 1928 bis 1932 gleich mehrfach die in der heutigen Bodelschwinghstraße lebende, mit ihm verwandte Familie Sinclair, da er eine Liebesbeziehung zu seiner Cousine Peggy unterhielt. Zudem war er begeistert von der Lebensweise seines Onkels, William Sinclair, der in ihm das Interesse für moderne Malerei weckte. Es ist überliefert, dass der Autor in Kassel mit William durch die Kneipen der Stadt zog, den Bergpark Wilhelmshöhe und das Bootfahren auf der Fulda liebte, gern den Wochenmarkt auf dem Königsplatz besuchte und mit diversen Künstlern in Kontakt kam.

Seine Erfahrungen in Kassel verewigte der Schriftsteller in seinem 1932 verfassten Roman „Traum von mehr oder minder schönen Frauen", der allerdings auf eigenen Wunsch erst posthum erschien. Trotz des Scheiterns der Beziehung zu Peggy im Jahr 1930 reiste der Autor weiterhin nach Kassel. Erst der Tod Peggys an Tuberkulose und die Rückkehr der Sinclairs nach Dublin aufgrund der Machtübernahme der Nazis sollten dazu führen, dass Beckett der Stadt den Rücken kehrte. Mit dem Kasseler Arzt Dr. Gottfried Büttner unterhielt er allerdings bis zu seinem Tod eine enge Brieffreundschaft.

Beckett, Autor des berühmten Theaterstücks „Warten auf Godot", zählt zu den prominentesten Gästen der Stadt und noch heute ist seine Verbindung zu Kassel vor allem im Vorderen Westen präsent. Vor dem einstigen Wohnhaus der Sinclairs in der Bodelschwinghstraße 5 ist eine Gedenkplatte in den Gehweg eingelassen, darüber hinaus erinnern Porträts und Zitate an Hauswänden an den Nobelpreisträger (unter anderem ebenfalls an dem Haus in der Bodelschwinghstraße). Ein ehemaliges Kasernengelände im Vorderen Westen, das zu einem Wohn- und Dienstleistungszentrum umgebaut wurde, trägt zudem zu Ehren des Schriftstellers den Namen „Samuel-Beckett-Anlage". Weitere Infos auf der Website der Samuel-Beckett-Gesellschaft mit Sitz in Kassel www.beckett-gesellschaft.de.

035ka-cl

034ka-cl

Komödie (s. S. 91) und den außergewöhnlichen Kinos **Filmladen** und **Gloria** (s. S. 91) hat das Viertel aber auch für Kulturbegeisterte reichlich zu bieten.

Die **Friedrich-Ebert-Straße** ist als Einkaufsmeile populär. Hier sind nicht die großen Ketten angesiedelt, sondern viele kleine, **inhabergeführten Geschäfte**, deren Angebot von Schmuck über Möbel, Porzellan, Kleidung, Fleischwaren und Pralinen bis zu exquisiten Weinen reicht und somit kaum einen Wunsch offenlässt. Viele gut besuchte **Restaurants, angesagte Cafés** und **hippe Kneipen** unterstreichen den belebten Charakter der Straße. In den vergangenen Jahren ist die Straße unter Aufwendung von Millionenbeträgen saniert worden. 2022 wurden die jahrelangen Bauarbeiten fertiggestellt, nachdem zuletzt noch Straßenbahngleise ausgetauscht und neue Radfahrstreifen angelegt worden sind.

Der Vordere Westen zählt flächenmäßig zu den kleineren Stadtteilen Kassels, ist aber der bevölkerungsreichste. Der Kasseler Industrielle **Sigmund Aschrott**, nach dem auch der Brunnen vor dem Rathaus ① benannt ist, gründete den Stadtteil, indem er das damalige Hohenzollernviertel auf eigenes Risiko erschloss und dort zahlreiche Grundstücke kaufte. Da das Quartier nach Willen Aschrotts frei von Industriebetrieben sein sollte, die Lärm und Qualm verursachen, entwickelte es sich rasch zu einem der **beliebtesten Wohngebiete der Stadt.** Hier pulsiert das Leben noch heute, aber es gibt auch zahlreiche Rückzugsmöglichkeiten. So laden verschiedene **Grünflächen** wie der Aschrottpark, das Tannenwäldchen [J1] und die **Goetheanlage** zum Entspannen, Spazieren, Picknicken und Joggen ein. Die Goetheanlage ist seit Jahrzehnten ein beliebter Treffpunkt im Grünen für Jung und Alt. Die 1933 fertiggestellte, nach dem Zweiten Weltkrieg neugestaltete Anlage hat mit seinem großen Spielplatz, seinen Basketballflächen, einer Grillwiese und einem Generationen-Parcours für alle Altersgruppen etwas zu bieten.

Da der Stadtteil vom Bombardement im Zweiten Weltkrieg größtenteils verschont geblieben ist, sind in ganzen Straßenzügen weiterhin prachtvolle **Jugendstil- und Gründerzeit-Wohnhäuser** zu sehen. Es ist empfehlenswert, sich etwas Zeit zu nehmen und durch die begrünten Straßen zu schlendern, um diese architektonischen Schmuckstücke zu betrachten.

› www.vorderer-westen.net

Die 1901 geweihte Kirche St. Maria am Bebelplatz [J1/2] zählt zu den Hinguckern im Vorderen Westen

043ka-cl

Bergpark Wilhelmshöhe

Der 23. Juni 2013 war ein besonderes Datum für Kassel und die gesamte Region: An diesem Tag wurde der Bergpark Wilhelmshöhe im Westen der Stadt in die Liste des **UNESCO-Weltkulturerbes** aufgenommen. Diese Entscheidung hat nicht nur dazu geführt, dass massiv Gelder in die Sanierung der Bauwerke geflossen sind, sondern auch das Ansehen der Stadt hat davon profitiert.

Auf 560 ha Fläche erstreckt sich das herausragende Beispiel europäischer Gartenkunst, das ganzjährig frei und kostenlos zugänglich ist. 2019 kürte der US-Sender CNN den Bergpark sogar zu einem der fünf attraktivsten touristischen Ziele in Deutschland – noch vor solch prominenten Destinationen wie Neuschwanstein und Sylt.

Die Idee für die Parkanlage geht auf **Landgraf Karl** zurück, der sich von den Gärten in Italien inspirieren ließ und am Beginn des 18. Jahrhunderts den Architekten **Giovanni Francesco Guerniero** für das Projekt engagierte. In dieser Zeit wurden die kupferne Herkulesstatue mitsamt Pyramide und Oktogon sowie die ihnen in Richtung Osten vorgelagerten Kaskaden geschaffen. Die ursprünglich barocke Form der Anlage wurde unter **Friedrich II.** nach englischem Vorbild zu einem **romantischen Landschaftsgarten** umgestaltet. In die Regierungszeit von **Landgraf Wilhelm IX.** fiel anschließend der Bau des klassizistischen **Schlosses Wilhelmshöhe** 27 und der als mittelalterliche Ruine konzipierten **Löwenburg** 32.

Der Charme des Bergparks liegt auch in seiner Vielfalt. Natur, Technik und Kunst bilden eine Einheit, wie sich unter anderem an den beeindru-

Ein Bauwerk der Superlative: der Herkules 34 *mitsamt der vorgelagerten Kaskaden*

ckenden **Wasserspielen** 33 aufzeigen lässt. Ob man einfach durch den Park schlendert, sich im Schloss Wilhelmshöhe die Gemälde von Rembrandt oder Rubens anschaut oder sich auf die Spur der im Park verteilten Kleinarchitekturen begibt: Langeweile dürfte wohl kaum aufkommen.

25 Villenviertel Mulang und Pagode ★★ [D2]

Etwas versteckt im südöstlichen Teil des Bergparks steht ein kleiner Pavillon mit acht roten Säulen, geschwungenen Zierdächern, einer markanten, goldglänzenden Dachlaterne und zwei Drachen an den Eingangstüren. Dieses als „Pagode" bezeichnete Gebäude war Teil des chinesischen Dorfes Mou-lang, das **Landgraf Friedrich II.** am Ende des 18. Jahrhunderts von Simon Louis du Ry errichten ließ, um den Bergpark durch eine **exotische Inszenierung** zu ergänzen.

Entlang der heutigen Mulangstraße, die am Bergpark links von der Wilhelmshöher Allee abgeht, entstanden auf beiden Seiten zahlreiche **chinesisch anmutende Bauten**, die wie das Küchenhäuschen, der jüngst für eine Summe von 1,1 Mio. € sanierte Kuhstall, das Milchhäuschen, die Pagode oder diverse Wohn- und Hirtenhäuser immer noch gut erhalten sind. Doch warum ausgerechnet China? Zum einen wollte Friedrich II. mit dem Dorf seine Weltoffenheit de-

MEINE TIPPS

Tagesticket Wilhelmshöhe

Mehrere Sehenswürdigkeiten im Bergpark besuchen und dafür nur einmal bezahlen? Das ist mit dem Tagesticket Wilhelmshöhe möglich. Damit kann man das Schloss Wilhelmshöhe, die Löwenburg und je nach Saison den Herkules (April bis Oktober) oder das Gewächshaus (November bis März) besichtigen. Das Ticket kostet 6 € für Erwachsene bzw. ermäßigt 4 €. Kinder und Jugendliche bis 18 Jahre müssen nichts zahlen. Es ist unter anderem an den Kassen im Schloss Wilhelmshöhe 27 und im Gewächshaus 31 erhältlich.

Parken am Bergpark

Den Bergpark Wilhelmshöhe kann man nicht nur mit den **öffentlichen Verkehrsmitteln**, sondern auch mit **Auto, Motorrad** oder **Wohnmobil** gut erreichen. Sowohl in der Nähe des Besucherzentrums unterhalb von Schloss Wilhelmshöhe 27 als auch hinter dem Herkules 34 gibt es **Parkmöglichkeiten.** Die ersten 30 Minuten sind auf den Parkplätzen gebührenfrei. Die Tagesgebühr für das Parken beläuft sich auf 4 €. Ausnahme: An den Wasserspieltagen wird zwischen 6 und 23 Uhr eine höhere Parkgebühr erhoben, die beispielsweise für Pkw 7 € beträgt.

- ℹ 15 [E2] **Besucherzentrum Wilhelmshöhe,** Wilhelmshöher Allee 380, Tel. 31680751, www.heritage-kassel.de/service/besucherzentren-unterordner/besucherzentrum-wilhelmshoehe, geöffnet: April–Okt. Di.–So. 10–17, Nov.–März Fr.–So. 10–16 Uhr

Die Bergpark App

Die stets aktuell gehaltene Bergpark App bietet reichlich Informationen zu den verschiedenen Attraktionen. Dabei liefert sie nicht nur Wissenswertes zu Öffnungszeiten, Preisen und den geschichtlichen Hintergründen, sondern auch eine Karte mit allen wichtigen Punkten und detaillierte Informationen zur An- und Abreise inklusive Abfahrtszeiten von Bussen und Bahnen (kostenlos für Android und iOS).

monstrieren, darüber hinaus zeigte er sich beeindruckt von der Effizienz der chinesischen Landwirtschaft, die er als besonders fortschrittlich und als Basis eines funktionierenden Staatswesens betrachtete. Landgraf Wilhelm IX. ließ das Dorf, in dem auch Landwirtschaft betrieben worden sein soll, 1791 im klassizistischen Stil erneuern, indem er die früheren Holzhäuser durch Steinbauten ersetzte. Geschwungene Giebel und Dachlaternen sollten für ein asiatisch anmutendes Ambiente sorgen. Wieso der Name Mou-lang für das Dorf gewählt wurde, ist unklar. Laut einer weit verbreiteten Theorie leitet sich der Begriff vom französischen Wort für **„Mühle"** *(moulin)* ab, da sich eine solche ebenfalls dort befand.

Im Süden an das Dorf angrenzend befinden sich zahlreiche architektonische Schönheiten. Ab 1880 entstand hier eine **Villenkolonie,** die in Anlehnung an das chinesische Dorf den Namen **Mulang** trägt. Viele Gebäude in dem Viertel, das als Kassels älteste Gartenstadt gilt, sind gut erhalten, so u.a. die 1890 errichtete neoklassizistische Villa des Unternehmers Gustav Henkel in der Kurhausstraße.

Sieht man sich die verbliebenen Villen genauer an, fällt auf, dass sie durch eine Vielzahl **verschiedener Baustile** geprägt sind. Diese Heterogenität liegt darin begründet, dass die Kolonie in verschiedenen zeitlichen Abschnitten auf- und ausgebaut wurde. Wurden die Gebäude in der Anfangsphase Mulangs von 1882 bis 1895 vor allem im gründerzeitlichen Cottage-Stil errichtet, bewegte sich der Stil in den Jahren bis zum Ersten Weltkrieg in Richtung Neoklassizismus und Barock. Ab 1925 entstanden modernere Villen, die in erster Linie vom Bauhaus-Gedanken beeinflusst wurden. Diese Melange aus verschiedenen architektonischen Stilen und die vielen prächtigen Anwesen machen den besonderen Charme des Viertels aus, das auch aufgrund seiner idyllischen Lage ein zunehmend beliebtes Wohngebiet darstellt.

26 Lac und die Roseninsel ★★ [D2]

Ein **Mekka für Rosenfreunde** erreicht man auf dem Weg von der Pagode 25 zum Schloss rund um den romantischen Schlossteich, der in Kassel unter dem Namen **Lac** bekannt ist. Dieser kleine malerisch anmutende See, der an den tiefsten Stellen sechs Meter tief ist, wurde zwischen 1785 und 1791 von Heinrich Christoph Jussow konzipiert und teilt sich in den kleinen und den großen Lac. Er ist aus einem kleinen Fischteich entstanden und war lange Zeit im Winter einer der beliebtesten Eislaufflächen Kassels. Zwar trauen sich auch noch weiterhin in der kalten Jahreszeit einige Eisläufer auf den zugefrorenen See, dennoch wird aufgrund einer meist unzureichend dicken Eisschicht von offizieller Seite davon abgeraten.

KURZ & KNAPP

Der Dackel des Kaisers

Auf der Roseninsel 26 ist neben vielen Pflanzen auch ein eher unscheinbares Denkmal zu sehen, das einem Dackel gewidmet ist, der zwischen 1890 und 1901 gelebt hat. Dabei handelt es sich nicht um irgendeinen Hund, sondern um „Erdmann", einen der Lieblingsdackel von Kaiser Wilhelm II. Der Herrscher, der das Schloss Wilhelmshöhe ab 1891 als Sommerresidenz nutzte, ließ das Tier nach dessen Tod im Umkreis der Roseninsel pompös beerdigen.

Einen wunderbaren Anblick bietet der Lac vor allem ab dem Frühsommer, wenn an den Ufern und auf der **Roseninsel** rund **1000 verschiedene Strauch-, Wild- und Kletterrosen** blühen. Man kann hier auch die älteste Zuchtrose Deutschlands bewundern, die sogenannte **„Perle von Weißenstein"**, die zum ersten Mal um 1775 von Daniel August Schwarzkopf, dem Hofgärtner von Landgraf Friedrich II., angepflanzt wurde.

Nur wenige Jahre zuvor wurde erstmals ein Rosengarten im Bergpark angelegt. Damit einhergehend wandelte man den damaligen Park Weißenstein zunehmend in einen reinen Landschaftsgarten um. Aus dem Trümmerschutt des abgebrochenen Jagschlosses Weißenstein, an dessen Stelle Landgraf Wilhelm IX. das Schloss Wilhelmshöhe 27 errichten ließ, wurde 1789 auf dem Lac die Roseninsel aufgeschüttet, wo man Rosen in langen Reihen anpflanzte. Die Anpflanzungen durchlebten im Laufe der Zeit eine wechselhafte Geschichte und gerieten im 19. und 20. Jahrhundert zeitweise sogar in Vergessenheit. Erst nach dem Zweiten Weltkrieg konnte der ursprüngliche Bestand wieder rekonstruiert werden.

Dass man sich auch noch heute an der Blütenpracht erfreuen kann, ist nicht zuletzt auch ein Verdienst des **Vereins Roseninsel.** Seit 1978 kümmern sich die ehrenamtlichen Helfer um die farbenfrohe Attraktion und sorgen damit für ein Fortbestehen der Rosentradition im Bergpark Wilhelmshöhe. Ihre Arbeit hat darüber hinaus auch maßgeblich dafür gesorgt, dass die Roseninsel mit mehreren Infotafeln im renommierten Rosenmuseum in Peking vertreten ist.

› www.roseninsel-kassel.de

27 Schloss Wilhelmshöhe ★★★ [D2]

An der Stelle eines alten Jagdschlosses ließ Landgraf Wilhelm IX. ab 1786 in mehreren Etappen das Schloss Wilhelmshöhe errichten, das seitdem zweifelsohne zu den Prunkstücken im Bergpark zählt. Heute beherbergt das klassizistische Bauwerk sowohl die Gemäldegalerie Alte Meister als auch die Antikensammlung. Der südliche Teil des Schlosses, der sogenannte Weißensteinflügel, wird derzeit saniert. Hier sind sonst die landgräflichen Räume im absolutistischen Stil zu sehen.

Ursprünglich als freistehendes Gebäude geplant, erhielt der Weißensteinflügel, der älteste Teil des Bauwerks, auf Wunsch des Landgrafen ein Pendant auf der gegenüberliegenden Seite: den **Kirchflügel.** Unter der Bauleitung von Heinrich Christoph Jussow entstand der **Mittelteil des Schlosses.** Mit einem Portikus und einer vom römischen Pantheon abgeleiteten Kuppel wurde dieser mittlere Trakt monumental erhöht. Seine geschlossene Form erhielt das Schloss erst im 19. Jahrhundert, als Kurfürst Wilhelm II. Verbindungsbauten zwischen den drei getrennten Flügeln errichten ließ. Während der napoleonischen Besetzung wurde das Gebäude in „Napoleonshöhe" umbenannt und diente **Jérôme Bonaparte**, dem König von Westphalen, zeitweise als Residenz. In dieser Zeit gelangten wertvolle Mahagonimöbel aus Paris in den Weißensteinflügel. Auch in der Folgezeit sollte das Schloss noch einige Herrscher beherbergen: Nach einer verlorenen Schlacht im Deutsch-Französischen Krieg wurde Napoleon III. hier unter Arrest gestellt. Später wählte Kaiser Wilhelm II. das

036ka-df

Schloss als Sommerresidenz der kaiserlichen Familie aus.

Im **Zweiten Weltkrieg** wurde v.a. der Mitteltrakt des Gebäudes bei Bombenangriffen schwer in Mitleidenschaft gezogen. Zwischen 1968 und 1974 erfolgte der Wiederaufbau und die Umgestaltung zu einem Kunstmuseum. Die im Krieg zerstörte Kuppel wurde jedoch nicht erneut errichtet. Nachdem das Schloss 1994 wegen bauphysikalischer Mängel geschlossen werden musste, konnte es sechs Jahre später nach umfassender Sanierung und einer Neuorganisation der Ausstellungsräume wiedereröffnet werden.

Da er in die Jahre gekommen war, wird der **Weißensteinflügel**, der nach Plänen von Simon Louis du Ry realisiert wurde, momentan für eine Summe von mehr als 10 Mio.€ umfassend erneuert und ist deshalb **nicht für die Öffentlichkeit zugänglich.** Der Flügel beherbergte ursprünglich die landgräflichen Appartements und repräsentative, hochrangigen Gästen vorbehaltene Räumlichkeiten, die Bauherr Landgraf Wilhelm IX. mit exklusiven Möbeln ausstatten ließ.

› **Tagesticket Wilhelmshöhe:** Erw. 6€, erm. 4€, bis 18 Jahre frei

Blick von unten auf das Schloss Wilhelmshöhe

MEIN TIPP

Kleine Pause im Schlosscafé

Im **Schloss Wilhelmshöhe** 27 befindet sich dieses einladende Café, das mit hausgemachten Kuchen, Waffeln, kleinen französischen Snacks und Kaffeespezialitäten lockt. In den Sommermonaten sind die Plätze im Außenbereich sehr beliebt, da man dort aus einen einzigartigen Blick auf den kompletten Bergpark und den Herkules hat.

› **Café Jérôme,** Schlosspark 1, Tel. 51077150, www.cafe-jerome.de, geöffnet: Di., Do.–So. 10–17, Mi. 10–20 Uhr

[image caption icon] *Die Skulpturen der Antikensammlung laden zu einem Rundgang ein*

㉘ Antikensammlung ★★ [D2]

Eindrucksvolle Marmorskulpturen, Korkmodelle antiker Bauwerke, wertvolle Vasen und seltene Münzen können die Besucher im Mittelteil von Schloss Wilhelmshöhe bestaunen. Anhand von rund 800 Exponaten wird ein Überblick über die Entwicklung antiker Kulturen im Mittelmeerraum gegeben.

Der Anfang der Sammlung, die zu den bedeutendsten ihrer Art in Deutschland zählt, liegt im Jahr 1688, als hessische Truppen etliche Münzen, Bronzestatuetten und Reliefs nach Kassel brachten. Sukzessive erweitert wurde sie unter den Landgrafen Wilhelm VIII. und Friedrich II., die eine große Faszination für die Antike hatten und diverse bedeutende Gegenstände erwarben. Dazu zählt auch der berühmte **„Kasseler Apoll"**, den Friedrich II. auf einer Italienreise kaufte. Die übergroße und gut erhaltene Marmorstatue des griechischen Gottes Apollon, die im 2. Jh. n. Chr. von römischen Bildhauern als Kopie einer verlorengegangenen griechischen Bronzestatue angefertigt wurde, ist sicherlich das herausragendste Exponat der Sammlung. Viele Ankäufe aus dem 18. Jh., die ab 1779 im Erdgeschoss des neu errichteten Museums Fridericianum ausgestellt wurden, haben die vergangenen drei Jahrhunderte überstanden und bilden den Kern der Ausstellung.

Mythenbilder von griechischen Helden wie Theseus und Herakles, Gefäße, Büsten, Bronzen und Skulpturen sowie Funde der Kasseler Ausgrabung auf der Insel Samos aus dem Jahr 1894 ziehen die Besucher in ihren Bann. Das Untergeschoss sollte man nicht außer Acht lassen, dort sind das Kolosseum, das Pantheon und andere antike römische Bauten in Vitrinen zu bestaunen – **als spektakuläre Korkmodelle.** Die mehr als 30 Exemplare wurden im 18. Jahrhundert in Rom von Antonio Chichi gefertigt und anschließend nach Kassel verschickt.

› www.heritage-kassel.de/sammlung-und-forschung/sammlungen/antike-kunst, geöffnet: Di.–So. 10–17 Uhr

㉙ Gemäldegalerie Alte Meister ★★ [D2]

Mehrere Hundert Werke umfasst die Gemäldegalerie Alte Meister im Schloss Wilhelmshöhe, darunter befinden sich zahlreiche Objekte berühmter Maler wie Rembrandt, Rubens, Dürer und Tizian. Mit ihrem beachtlichen Bestand an Bildern, der vom späten 15. bis zum Ende des 18. Jahrhunderts einen Überblick der Malereigeschichte in Europa bietet, gehört die Sammlung weltweit zu den bedeutendsten ihrer Art.

Die Gemäldegalerie kann auf eine mehr als 500 Jahre alte Geschichte zurückblicken, wobei ihr Ursprung mit einer trauernden Witwe zu tun hat: **Anna von Mecklenburg**, Witwe von Landgraf Wilhelm II., beauftragte Anfang des 16. Jahrhunderts den Künstler Lucas Cranach d. Ä., ein Gemälde ihres verstorbenen Gatten zu malen. Dass die Sammlung, die 1653 erstmals Erwähnung fand, stetig wuchs, war vor allem der Sammelleidenschaft der Landgrafen Karl, Wilhelm VIII. und Friedrich II. zu verdanken.

In den darauffolgenden Generationen konnte der landgräfliche Besitz noch weiter ausgebaut werden. Er wurde im Laufe der Zeit an verschiedenen Orten ausgestellt, darunter auch in der heutigen Neuen Galerie 21 an der Schönen Aussicht. Seit 1974 befinden sich die Gemälde im Mittelbau des Schlosses Wilhelmshöhe, wo sie auf insgesamt drei Etagen ausgestellt werden. Der faszinierende **Rundgang durch die europäische Kunstgeschichte** von der Spätgotik bis zum beginnenden Klassizismus startet in der ersten Etage, die sich zwar in erster Linie der deutschen und der italienischen Malerei widmet, gleichzeitig aber auch niederländische und spanische Kunstwerke beherbergt. Ein Fokus liegt auf der Porträtmalerei, wobei Gemälde verschiedener Meister wie Tizian, Rubens, Graff, Bassano, Schönfeld oder Tischbein direkt nebeneinander positioniert werden.

Die Etage drüber ist zweigeteilt: In der Mitte bietet sie Platz für Wechselausstellungen. Ansonsten steht die niederländische und flämische Malerei, u.a. mit Kunstwerken von Joos van Cleve und Pieter Aertsen, im Vordergrund. Dieser Schwerpunkt der Gemäldegalerie liegt vor allem an Landgraf Wilhelm VIII., der niederländische Maler an seinem Hof beschäftigte und zwischen 1748 und 1756 Hunderte von Gemälden in Holland, Brüssel, Antwerpen und weiteren Gebieten einkaufen ließ. Dies hat auch dazu geführt, dass die Gemäldegalerie einen der **größten Bestände an Rembrandt-Werken in Deutschland** hat. Die beeindruckenden Malereien sind am Ende des Rundgangs – in der dritten Etage – zu bestaunen. Dieser Bereich, der als Höhepunkt der Sammlung bezeichnet werden kann, ist aber nicht nur den Leistungen Rembrandts, sondern auch den bahnbrechenden Kunstwerken von **Rubens** gewidmet, von denen hier unter anderem „Triumph des Siegers" und „Jupiter und Kallisto" zu nennen sind.

› www.heritage-kassel.de/sammlung-und-forschung/sammlungen/gemaeldegalerie-alte-meister, geöffnet: Di.–So. 10–17 Uhr

038ka-cl

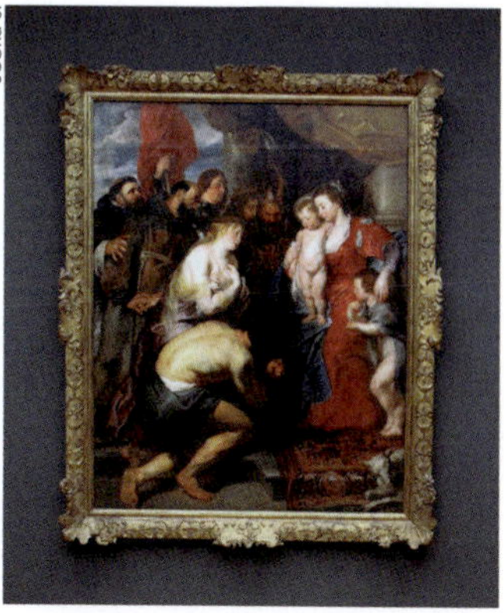

Die Gemäldegalerie Alte Meister zählt zu den bedeutendsten Kunstsammlungen ihrer Art

30 Ballhaus ★ [D1]

Ein Juwel klassizistischer Architektur befindet sich direkt neben dem nördlichen Schlossflügel, auch wenn das Gebäude von außen eher unscheinbar aussieht. Das Ballhaus ist das einzige Gebäude im Bergpark, das **in der Ära des Königreichs Westphalen errichtet** wurde. König Jérôme Bonaparte ließ es zwischen 1808 und 1810 als Hoftheater erbauen. Dafür beauftragte er **Leo von Klenze**, der in der Folgezeit zu einem der bedeutendsten Architekten des Klassizismus aufsteigen sollte. Für den damals 24-Jährigen stellte das von außen stilvoll elegante Gebäude das Erstlingswerk dar.

Unter Kurfürst Wilhelm II. erhielt das Gebäude schon wenige Jahre später eine andere Funktion. Da er nach Amtsantritt keine Verwendung mehr für das Theater hatte, beauftragte er 1828 seinen Architekten **Johann Conrad Bromeis**, es zu einem prachtvollen Ballhaus umzubauen. In einem pompösen **Ballsaal** mit beeindruckenden Dekorationsmalereien an Wänden und Decken wurden fortan rauschende Feste gefeiert. Nach dem Zweiten Weltkrieg diente das Ballhaus als **Casino für amerikanische Soldaten.**

Ein echter Hingucker ist der **Fries mit Papageien-Malereien und Spiralranken**, der sich komplett um den Ballsaal zieht. Da das Residenzpalais am Friedrichsplatz und der Mitteltrakt des Schlosses Wilhelmshöhe im Zweiten Weltkrieg zerstört wurden, ist der Ballsaal das letzte erhalten gebliebene große Beispiel für die Raumausstattung aus der Zeit von Kurfürst Wilhelm II.

Heutzutage finden vornehmlich Kulturveranstaltungen wie klassische Konzerte im Ballsaal statt. In den wärmeren Monaten gibt es die Möglichkeit, das Gebäude im Zuge von Führungen zu besichtigen.

› Schlosspark 5, Tel. 316800, nur im Rahmen einer Führung oder bei Veranstaltungen zugänglich, Infos unter www.heritage-kassel.de/standorte/ballhaus

31 Großes Gewächshaus ★ [D1]

Neben dem Ballhaus 30 befindet sich ein gläsernes Gebäude, das Kurfürst Wilhelm II. 1822/1823 ebenfalls durch seinen Hofarchitekten **Johann Conrad Bromeis** bauen ließ. In dem Bauwerk, das eine der ersten Glas-Stahl-Konstruktionen im gesamten Europa darstellte, sollten kostbare exotische Pflanzen kultiviert werden. Im Verlauf des 19. Jahrhunderts wurde es durch einen großen rechteckigen Mittelbau erweitert.

Noch heute kann der Besucher in den verschiedenen Räumen die **Blütenpracht aus exotischen und historischen Pflanzen** bestaunen, die aus aller Welt kommen und teilweise bis unter die Decke ragen. Auf festen, gepflasterten Wegen flanieren die Besucher in drei Hallen zwischen den zahlreichen Beeten und sehen dabei schon zu Beginn ein Farbenmeer aus Orchideen, Narzissen, Veilchen, Palmen, Primeln und Kamelien. Letztere sind teilweise 150 Jahre alt und blühen tausendfach in Rot, Rosa und Weiß. Neuer sind besondere Bromelienarten wie die Ananas. Zu den besonders exotischen Pflanzen zählt auch die **„Belle de Wilhelmshöhe“** – eine selbst gezüchtete Kamelie.

Die einzelnen Teile des Gebäudes sind unterschiedlich stark beheizt – abhängig davon, welche Pflanzen sich darin befinden und welche klimatischen Bedürfnisse sie haben.

Im Mittelteil des Gewächshauses, in dem eher tropische Bedingungen herrschen, ist eine **Voliere im chinesischen Stil** zu sehen, die verschiedene Vögel beherbergt. Etwas gemäßigteres Klima herrscht schließlich in der dritten Halle, in der sich unter anderem Azaleen aus China und Buxbäume befinden.

Während der wärmeren Monate werden einige Pflanzen (vornehmlich Palmen) in Pflanztrögen aus dem Gewächshaus herausgeholt und im Bergpark aufgestellt. Zwischen April und Oktober ist der mittlere und hintere Teil des Gewächshauses für Besucher geschlossen, der vordere kann dagegen für Veranstaltungen gebucht werden.

› www.heritage-kassel.de/standorte/gewaechshaus, geöffnet: 1. Nov.-31. März Di.-So. 10-17 Uhr, während der Sommermonate geschlossen, Tagesticket Wilhelmshöhe (s. S. 62)

32 Löwenburg ★★★ [C2]

Perfekt sollte sie nie sein: **Landgraf Wilhelm IX.** ließ die beeindruckende Burganlage mit gotischen Spitzbögen und bröckelnden Wänden bewusst **als mittelalterliche Ruine konzipieren.** Künstliche Ruinen als Teil von Landschaftsgärten lagen damals im Trend und wurden im späten 18. Jahrhundert auf dem europäischen Kontinent zahlreich als Ausdruck einer neuen romantischen Gesinnung errichtet. Die Löwenburg wirkt, als ob sie in den vergangenen Jahrhunderten diversen Belagerungsstürmen und Abwehrkämpfen ausgesetzt war. So sollte eine direkte Verbindungslinie zu dem seit dem Mittelalter regierenden Haus Hessen gezogen und somit auch die eigene Herrschaft legitimiert werden.

Wilhelms Architekt Heinrich Christoph Jussow schuf zwischen 1793 und 1801 mit der Löwenburg eine der ersten **pseudomittelalterlichen Burganlagen** Europas. Die Ritterburg, die malerisch in den Bergpark eingebettet ist, ist schon von Weitem zu sehen und befindet sich rund einen Kilometer in südwestlicher Richtung von Schloss Wilhelmshöhe entfernt.

Als mittelalterliche Ruine konzipiert: die Löwenburg

039ka-df

040ka-cl

Im Inneren ähnelt die Raumfolge einem **spätbarocken Lustschloss** mit fürstlichen Wohnräumen. Die Löwenburg, die nach dem Vorbild englischer Schlossbauten konzipiert wurde, diente dem Bauherrn in erster Linie als Ort, an dem er sich mit seiner Mätresse, Karoline von Schlotheim, zurückziehen konnte. Neben der Burg ließ Wilhelm zudem einen **Burggarten**, einen **Weinberg**, einen **Turnierplatz und** einen **Tiergarten** anlegen.

Historische Möbel, Gemälde, Gläser, eine umfangreiche Waffensammlung: Die pompöse Ausstattung im Inneren spiegelte nicht nur die Sammelleidenschaft Wilhelms, sondern auch seine Faszination für das Mittelalter wider. Welch immense Bedeutung der Herrscher der Löwenburg beimaß, wird auch daran ersichtlich, dass er die dortige Kapelle schon früh als seine **Grabstätte** auserkoren hatte. 1821 wurde er in der kleinen Kirche beigesetzt und noch heute liegt sein Leichnam in einer Gruft unter dem Altar.

Ritterrüstungen aus dem 15. Jahrhundert können in der historischen Rüstkammer besichtigt werden

Im Verlauf des Zweiten Weltkriegs wurde die Burg massiv beschädigt und der Bergfried komplett zerstört. Da viele wertvolle Gegenstände bereits zu Beginn des Kriegs ausgelagert worden waren, blieb die Ausstattung der Burg nahezu unversehrt.

Jahrelang waren ausschließlich die **historische Rüstkammer**, in der sich zahlreiche Ritterrüstungen aus dem 15. Jahrhundert befinden, und die Burgkapelle mit dem Grabmal Wilhelms per Führung zu besichtigen. Seit Mitte 2022 hat sich dies geändert: Die umfangreichen **Sanierungsarbeiten** der Löwenburg, die im Jahr 2005 begonnen hatten, konnten abgeschlossen werden. Rund 30 Mio. € hat das Land Hessen in diese Arbeiten investiert. Das Ziel bestand in der kompletten Instandsetzung der äußeren Fassade und der möglichst detailgetreuen Wiederherstellung der Innenräume. Die Sanierung hat sich gelohnt: Die Räume wurden nach dem ursprünglichen Muster wiederhergestellt. Frühere Inventarlisten halfen dabei, die Zimmer wie im 19. Jahrhundert einzurichten – und das mit dem **originalen Mobiliar.** Dazu zählen riesige Wandteppiche, Theaterstühle, eine historische Reiseapotheke und ein Backgammon-Spiel von Landgraf Wilhelm IX. – um nur einige wenige Stücke zu nennen. Im Rahmen einer rund einstündigen Führung können sich Besucher in die damalige Zeit versetzen lassen. Für einen Aufpreis von 2 € können sie auch den Bergfried erklimmen – die Aussicht von dort oben lohnt sich!

Die Löwenburg hat einiges zu bieten, auch dank ihrer Außenanlagen:

Sie ist nicht nur von einem **Burggarten** und dem **Turnierplatz** umgeben, unterhalb der Anlage befindet sich auch die romantische **Wolfsschlucht** mitsamt einer Felsentreppe, die direkt zur Burg führt. Aber Achtung: Für den Aufstieg ist gute Kondition vonnöten, da die Stufen recht steil sind.

Hinter der Löwenburg befindet sich etwas versteckt ein kleines Labyrinth aus Hecken. Direkt daneben genießt man nicht nur einen herrlichen Blick auf das Schloss, sondern auf die gesamte Stadt.

› Schlosspark 9, www.heritage-kassel.de/standorte/loewenburg, geöffnet: April–Okt. Di.–So. 10–17 Uhr, Nov.–10. Jan. Di.–So. 10–16 Uhr, 11. Jan.–März Fr.–So. 10–16 Uhr. Besichtigung nur mit stündlich startender Führung möglich (im Tagesticket enthalten, s. S. 62). Die Touren sind sehr beliebt, eine rechtzeitige Buchung wird empfohlen.

042ka-df

33 Wasserspiele ★★★ [A1]

Ein echtes Spektakel können die Besucher des Bergparks von Mai bis Oktober erleben: Seit mehr als 300 Jahren begeistern die Wasserspiele die Menschen, stellen sie doch eine architektonische und ingenieurtechnische Meisterleistung dar, die weltweit einzigartig ist. Nach zweijähriger Corona-Unterbrechung – dem ersten Komplettausfall seit dem Zweiten Weltkrieg – erweist sich die Show seit 2022 wieder als Zuschauermagnet.

Zu verdanken sind die Wasserspiele **Landgraf Karl**, der mithilfe des Architekten **Giovanni Francesco Guerniero** etwas Monumentales kreieren wollte, mit dem er sein Ansehen bei seinen Untertanen und anderen Herrschern steigern konnte. Zugleich wollte er die Beherrschung eines der vier Elemente demonstrieren. Sein Urenkel, **Landgraf Wilhelm IX.**, ließ die Anlage ab 1785 erweitern – allerdings nicht mehr im barocken, sondern im romantischen Stil. In dieser Zeit wurden unter anderem der Steinhöfer Wasserfall, das Aquädukt und diverse Bäche und Teiche errichtet.

Die Technik, mit der die Wasserspiele funktionieren, ist seit der Entstehungszeit dieselbe: Noch immer wird der Lauf des Wassers **ohne Einsatz von Pumpen**, dafür ausschließlich durch die Ausnutzung physikalischer Gesetze bestimmt. Indem Sperren und Schieber geöffnet werden, ergießen sich die Massen über die einzelnen Stationen von den Kaskaden bis zum Teich vor dem Schloss, wo

Ein echter Zuschauermagnet: Das Wasser fließt unter der Teufelsbrücke hindurch in den Höllenteich

das Wasser als krönender Abschluss 52 Meter in die Höhe schießt.

Den **Startschuss** für das Schauspiel geben pünktlich um 14.30 Uhr zwei mythologische Figuren (Zentaur und Faun) am Riesenkopfbecken unterhalb des Herkules 34, aus deren Hörnern ein Ton erklingt – durch natürlichen Wasserdruck erzeugt. Das Wasser sprudelt anschließend über die **Kaskaden** und donnert dann den **Steinhöfer Wasserfall** hinunter, ehe es unter der **Teufelsbrücke** in den zehn Meter tiefer gelegenen **Höllenteich** fließt. An den einzelnen Stationen wird jedes Wasserbild rund zehn Minuten inszeniert. Es ist aber zu empfehlen, sich bereits vor dem jeweiligen Ende auf den Weg zur nächsten Etappe zu machen, um sich einen guten Aussichtspunkt zu sichern.

Vom **Aquädukt** stürzt das Wasser 30 Meter in die Tiefe. Wenn die bereits erwähnte **Fontäne als Höhepunkt und Finale** des Spektakels wie ein Geysir um 15.45 Uhr in die Lüfte aufsteigt, kann man in zahlreiche staunende Gesichter schauen, bevor das Wasser anschließend unterirdisch in die Fulda abgeleitet wird.

Ein paar Zahlen verdeutlichen die immensen Ausmaße der ausgefeilten Wassershow, die mit Fug und Recht als das Herzstück des an Höhepunkten ohnehin schon reichen Bergparks bezeichnet werden kann: **750.000 Liter Wasser** fließen bei jeder Aufführung in die Tiefe, die Inszenierungen locken dabei jeweils mehrere Tausend Besucher an, die dabei vom Herkules bis zur Großen Fontäne einen Höhenunterschied von mehr als 200 Metern zurücklegen müssen.

› 1. Mai–3. Oktober jeweils Mi., So. und Feiertage Beginn 14.30, Ende ca. 16 Uhr
› Die Wasserspiele sind mit verschiedenen Linienbussen zu erreichen. Die Haltestelle „Herkules" wird nur von den Linien 22 und 23 angefahren. Die Linie 23 verkehrt an den Wasserspieltagen alle 15 Minuten zwischen den Haltestellen „Wilhelmshöhe (Park)" und „Herkules", die Linie 22 fährt ergänzend halbstündig ab der Haltestelle „Im Druseltal". Von der Innenstadt aus kann man die Haltestellen mit den Tramlinien 1 und 4 erreichen. Die einzelnen Wasserspiel-Stationen im Bergpark werden vom Bergparkshuttle bedient. Zwischen 10 und 17 Uhr fahren die beiden Shuttlebusse etwa alle 15 bis 20 Minuten. Der Preis für die einfache Fahrt beträgt 2 €.

34 Herkules ★★★ [A1]

Herrschaftlich thront die 8,30 Meter hohe Kupferstatue des griechischen Halbgottes Herkules als herrlicher Abschluss der Kaskadenanlage auf einer Pyramide, die auf einem gigantischen achteckigen Sockel, dem Oktogon, steht. Das dreistöckige Bauwerk wurde als offenes Riesenschloss konzipiert. An seinen Außenseiten führen Freitreppen in die oberen Stockwerke.

Früher wurde mit dem Begriff „Herkules" vor allem die Kupferfigur gemeint, heutzutage bezieht sich der Name aber zumeist auf die gesamte Anlage. Von jedem Winkel der Stadt ist das Wahrzeichen Kassels zu sehen, das seit 1717 auf dem Gipfel des Karlsbergs zu finden ist. In einer Höhe von 530 Metern kann der Koloss auf die gesamte Stadt hinabschauen.

Der schlossartige Herkules ist ein Bauwerk der Superlative, das zwischen 1701 und 1717 unter der Leitung des italienischen Architekten **Giovanni Francesco Guerniero** erbaut wurde. Landgraf Karl von Hessen-Kassel hatte die Anlage in Auftrag gegeben, nachdem er auf einer Italienreise in der Villa Farnese in Rom eine antike Herkules-Statue gesehen hatte, die bei ihm einen bleibenden Eindruck hinterließ. In der Figur des antiken Helden, die in der griechischen Mythologie mit Kraft, Mut und Klugheit assoziiert wird, sah der Landgraf seine eigenen Tugenden verkörpert.

Die Kasseler Statue wurde vom Augsburger Goldschmied Johann Jacob Anthoni geschaffen. Der Held, in leicht nach vorne gebeugter Haltung, stützt sich auf eine Keule, über die er das Fell des Nemeischen Löwen geworfen hat. In der griechischen Mythologie bestand die erste der **zwölf Heldentaten**, die Herkules auferlegt wurden, darin, dem König das Fell des eigentlich als unverwundbar geltenden Ungetüms zu bringen. Nach einem harten Kampf schaffte er es der Legende nach schließlich, den Löwen zu erwürgen. Hinter seinem Rücken hält die Figur in der rechten Hand die drei **goldenen Äpfel der Hesperiden**, die für Liebe, Fruchtbarkeit und ewige Jugend stehen sollen.

Nicht zuletzt der Reichtum an Details, den Anthoni bei der Darstellung der Figur verwirklichte, macht den Koloss zu einem **monumentalen Meisterwerk der Baukunst.** Die rund drei Tonnen schwere Statue besteht aus einem **Metallskelett**, das von einer nur 2,5 Millimeter dicken **Kupferschicht** überzogen ist. Der massige Rumpf mitsamt seinen definierten Muskeln zeigt die Stärke des Halbgottes.

Die ursprünglichen Pläne für die gesamte Anlage mitsamt den Kaskaden wurden mehrfach abgeändert. Eigentlich, so zeigen Quellen aus der damaligen Zeit, waren viel weitergehende Baumaßnahmen geplant, als letztlich ausgeführt wurden. Die Statue des antiken Helden ist auf einer **steinernen Pyramide** platziert, die wiederum auf einem achteckigen Unterbau, dem sogenannten **Oktogon**, aufgesetzt ist. Auf diesem dreistöckigen Riesenschloss befindet sich eine riesige **Aussichtsplattform.** Von Frühjahr bis Herbst hat man die Möglichkeit, über die Freitreppen auf diese **Besucherplattform** zu steigen, von der man in 33 Meter Höhe nicht nur eine grandiose Aussicht auf die barocke Parkanlage und Kassel, sondern auch auf die Mittelgebirge von Rhön bis Harz hat. Da sind auch die vielen

Der Herkules in Zahlen

Höhe der Figur: 8,30 Meter, mit Sockel 11,30 Meter
Brustumfang: 5 Meter
Leibesumfang: 4,60 Meter
Nasenlänge: 0,25 Meter
Kopfumfang: 3,40 Meter
Fußlänge: 1,25 Meter

084ka-df

Die Herkulesstatue krönt den Bergpark Wilhelmshöhe

Stufen, die man bis dahin bewältigen muss, gleich vergessen.

Im Inneren des Oktogons befindet sich ein achteckiger Innenhof, in dessen Boden ein Wasserreservoir eingelassen ist. Unterhalb ist ein felsartig gestalteter Grottenbau, die sogenannte **Vexierwassergrotte**, vorgelagert – mit ihren spritzenden Düsen, sprudelnden Brunnen und mythologischen Figuren eine weitere Attraktion im Bergpark. Da das Bauwerk einige Schäden aufweist, wird es seit 2006 saniert. Insbesondere am Tuffsteinmauerwerk – der Herkules besteht zu weiten Teilen aus diesem Material – sind die Jahrhunderte nicht spurlos vorübergegangen. Für die Arbeiten stellte das Land Hessen insgesamt 41 Mio. € zur Verfügung. Nach derzeitigem Plan soll die Sanierung 2026 abgeschlossen sein.

Eine ideale Gelegenheit, sich über das monumentale Bauwerk zu informieren, bietet das **Besucherzentrum** gleich neben dem Herkules. Anhand von Bildern, Filmen und Texten erfährt man dort viel Wissenswertes rund um die Anlage. Zugleich ist der Bau ein architektonisches Highlight an sich und das Berliner Architektenbüro, das dafür verantwortlich zeichnete, wurde mit dem Großen Preis des Bundes Deutscher Architekten ausgezeichnet. „Die Außenhaut nimmt mit ihrer Reliefstruktur das poröse Felsgestein des Herkulesbauwerkes auf, während der Sichtbeton im Inneren eine weiche und glatte Oberfläche erhält", hieß es von Seiten der Architekten zur Eröffnung.

› Schlosspark 28, Tel. 31680123, www.heritage-kassel.de/standorte/herkules, geöffnet: April–Okt. Di.–So. 10–17 Uhr. Mit der Straßenbahnlinie 4 bis zur Endhaltestelle Druseltal. Anschließend mit Bus 22 oder 23 direkt zum Herkules.

Ausflugstipps

35 Künstler-Nekropole ★★ [ag]

Eine besondere Grabanlage befindet sich im **Naturpark Habichtswald** am Stadtrand von Kassel. Ausgehend vom Wanderparkplatz Bergfreiheit führt ein rund 1½ Kilometer langer Rundweg um den Blauen See an bislang zehn Grabplätzen und zwei Denkmälern vorbei. Dabei handelt es sich auch um Kunstwerke des öffentlichen Raums, die ganzjährig zugänglich sind, denn in der Künstler-Nekropole errichten Künstler von documenta-Rang bereits zu ihren Lebzeiten ihre eigenen Grabmäler und verpflichten sich, dort nach ihrem Tod ihre Asche in einer Urne bestatten zu lassen. Insgesamt sind **rund 40 Monumente geplant**, die um den ehemaligen Steinbruch entstehen sollen.

Diese „Totenstadt" geht auf eine Initiative des Künstlers **Harry Kramer** zurück, der 1964 an der documenta 3 teilnahm und als Professor für Bildhauerei an der Kasseler Kunstakademie wirkte. Er wollte damit eine neue Form der Kunst im öffentlichen Raum schaffen, bei der sich die Künstler mit ihrer eigenen Sterblichkeit auseinandersetzen und diese dann gemäß ihren eigenen künstlerischen Vorstellungen gestalten sollen. Die einzigen Bedingungen für die Grabmäler: Die Natur im Wald darf nicht gestört werden und die Monumente müssen sich selbst überlassen bleiben.

Die Anlage wird von einer Stiftung finanziert, die von der Stadt Kassel getragen wird und aus dem Privatvermögen Harry Kramers hervorgeht. Über die Frage, welche Künstler dazu eingeladen werden, in der Nekropole ihr Grabmal zu gestalten, entscheidet ein Stiftungsbeirat. Man mag dieses

Projekt etwas morbide finden, doch die schöne Landschaft und das Vogelgezwitscher im Hintergrund verleihen der Anlage etwas Malerisches.

Wie bei renommierten Künstlern zu vermuten ist, handelt es sich bei den einzelnen Monumenten nicht einfach um schlichte Grabsteine. **Heinrich Brummack** hat sich beispielsweise für eine **Vogeltränke** entschieden, die die Vögel dazu einladen soll, aus der Granitschale zu trinken, die auf seinen zwei Sarkophagen liegt. 2015 wurde Werner Ruhnau in seinem **„Spielraum“** beerdigt, der sich an einem Theater orientierte. Das Monument, das aus vier Eichenholzstelen und einem kleinen Amphitheater in der Mitte besteht, soll auf Wunsch des Architekten und Hochschullehrers nicht als Ort der Trauer, sondern als Stätte des Festes und des Spiels genutzt werden. Auch die anderen Werke, unter anderem von **Karl Oskar Blase, Gernot Minke, Timm Ulrichs** und **Ugo Dossi** konzipiert, versprühen keine Traurigkeit. Vielmehr erzählen die Monumente Geschichten, regen zum Nachdenken an und geben zudem einen Einblick in die Gedankenwelt der Künstler, die dahinterstehen. Zusätzlich zu den realisierten Grabmälern gibt es auch zwei Denkmäler zu sehen, die keine Grabkunstwerke im eigentlichen Sinn sind. Dabei handelt es sich zum einen um ein Gedenkzeichen für den zweimaligen documenta-Leiter Manfred Schneckenburger sowie um eine Hommage an den Nekropolen-Gründer Harry Kramer.

› Habichtswald, vom Königsplatz mit der Buslinie 10 oder 24 in Richtung Harleshausen bis zur Haltestelle „Sonnenhang“. Von dort noch rund 500 Meter zu Fuß.

36 Schloss Wilhelmsthal ★★★

Nördlich von Kassel, bei der Gemeinde Calden, liegt das gut erhaltene Rokokoschloss Wilhelmsthal, das Landgraf Wilhelm VIII. zwischen 1747 und 1761 als **Jagd- und Lustschloss** errichten ließ. Er engagierte dafür den

Schloss Wilhelmsthal gilt als eines der schönsten Rokokoschlösser Deutschlands

044ka-cl

Münchener Hofbaumeister **François de Cuvilliés**, der das Bauwerk als locker gefügte Dreiflügelanlage konzipierte, die sich an französischen Vorbildern orientiert.

Zur Anlage gehört ein 30 Hektar großer **Schlossgarten**, der zwar zunächst ebenfalls im Stil des Rokoko angelegt, später aber nach englischem Muster zu einem Landschaftsgarten umgestaltet wurde. Der malerische Park, angelegt als fächerförmiges Dreiachsensystem, lädt zu einem entspannten Spaziergang ein, bei dem der Besucher unter anderem auf einen neugotischen **Wartturm**, einen ehemaligen **Ententeich** und eine **Grotte** trifft. Nach umfangreicher Sanierung der Grotte und des vorgelagerten Grottenkanals sollen dort ab 2024 auch wieder die Wilhelmsthaler Wasserspiele sprudeln.

Eine architektonische Besonderheit der Anlage besteht darin, dass das Schloss entgegen der sonst üblichen Anordnungen am tiefsten Punkt des Parks liegt. Mit dem Gelände um das Schloss ist ein weltpolitisch bedeutendes Ereignis verbunden: Während des Siebenjährigen Krieges wurde hier im Juni 1762 eine kriegsentscheidende Schlacht geschlagen, bei der rund 2000 Franzosen ihr Leben ließen. **Die Schlacht bei Wilhelmsthal** leitete durch den Sieg der Allianz von Großbritannien, Hessen-Kassel, Preußen und Braunschweig den Abzug der französischen Heere aus Nordhessen ein.

Da die ursprüngliche Raumaufteilung des Schlosses mitsamt zahlreicher historischer Ausstellungsstücke **nahezu unverändert** geblieben ist, bietet das Gebäude einen guten Einblick in das Leben der damaligen Fürsten und deren Dienerschaft. Bei der **Führung durch die Räumlichkeiten** werden den Besuchern die Appartements des Landgrafen und seiner Gattin, der Gästetrakt, der Speisesaal und der Tanzsaal gezeigt. Französische Lackmöbel, eine umfangreiche Sammlung an ostasiatischem und europäischem Porzellan, **eine Ahnengalerie mit Ölgemälden** von Johann Heinrich Tischbein d. Ä. und fürstliche Betten gehören zu den herausragenden Exponaten im Schloss. Mit der Ausstattung der Zimmer war unter anderem Johann August Nahl beauftragt, der auch als Bildhauer im Schloss Sanssouci in Potsdam tätig war.

Im Gegensatz zum Schloss Wilhelmshöhe 27 überstand Schloss Wilhelmsthal den Zweiten Weltkrieg unbeschadet. Da der Zahn der Zeit aber zwischenzeitlich ziemlich stark an Schloss und Park genagt hatte, mussten einige Ecken, zum Beispiel der Wartturm, in den vergangenen Jahren restauriert werden. Jedes Jahr am Himmelfahrts-Wochenende findet vor der malerischen Kulisse des Schlosses **ein beliebtes Gartenfest** statt, das Tausende Besucher anlockt.

› Schloss Wilhelmsthal, 34379 Calden, Tel. 31680285, www.heritage-kassel.de/standorte/schloss-wilhelmsthal, Eintritt: Erw. 4 €, erm. 3 €, bis 18 Jahre frei, geöffnet: April–Okt. Di.–So. 10–17 Uhr, Nov.–März Fr.–So. 10–16 Uhr. Die Besichtigung ist nur stündlich mit Führung möglich. Mit der Straßenbahnlinie 1 bis zur Haltestelle Vellmar-Nord, anschließend in den Bus 47 steigen und bis Calden-Wilhelmsthal fahren.

045ka-df

Kassel für Kunst- und Museumsfreunde

In Anbetracht seiner überschaubaren Größe verfügt Kassel über eine vielschichtige und reichhaltige Museumslandschaft mit zahlreichen spannenden Einrichtungen. Wer der Meinung ist, Kassel habe nur in den documenta-Jahren für Kulturinteressierte etwas zu bieten, irrt. Das Pfund, mit dem die Stadt auch touristisch wuchert, besteht darin, dass alle Geschmäcker gleichermaßen bedient werden.

Die Liste der Institutionen, die als einmalig bezeichnet werden können, ist lang. Mit der **Grimmwelt** 20 besitzt Kassel ein Ausstellungshaus, das sich mit dem Wirken der berühmten Brüder beschäftigt und nicht nur inhaltlich, sondern auch architektonisch Maßstäbe setzt. Hinzu kommt, dass man sich in Kassel über Themen informieren lassen kann, die sonst eher nicht in Museen behandelt werden. Während sich beispielsweise das **Museum für Sepulkralkultur** 19 in beeindruckender Form mit der Kultur des Todes auseinandersetzt, stehen witzige Karikaturen und Cartoons im Zentrum der **Caricatura** 5 am Kulturbahnhof. Ein weiteres Highlight soll das **Deutsche Tapetenmuseum** werden, das voraussichtlich 2025 in einem 25 Mio. Euro teuren Neubau am Brüder-Grimm-Platz eröffnet wird. Das Museum war seit 2008 geschlossen, nun findet es an dem Ort, an dem früher das Hessische Verwaltungsgericht stand, eine neue Heimat.

Vorseite: Das Team der Kassel Greeter bietet individuelle Stadtführungen an (s. S. 125)

Der Sammelleidenschaft der Landgrafen und Kurfürsten ist es ferner zu verdanken, dass zahlreiche historische Schätze aus verschiedenen Epochen der Kunst- und Kulturgeschichte in Kassel zu besichtigen sind. Mit der Verwaltung der bedeutsamen Museen, Schlösser und Parks ist die **Hessen Kassel Heritage (HKH)** betraut.

Museen und Kunstgalerien

28 [D2] **Antikensammlung.** Im Mitteltrakt von Schloss Wilhelmshöhe geben rund 800 Exponate einen Einblick in die Geschichte vergangener Kulturen im Mittelmeerraum (s. S. 66).

5 [N1] **Caricatura.** Die Galerie für Komische Kunst zeigt in verschiedenen Ausstellungen pro Jahr witzige Cartoons, Karikaturen und Malereien (s. S. 29).

2 [O2] **Fridericianum.** Als eines der ersten öffentlichen Museen Europas errichtet, ist das klassizistische Bauwerk nicht nur das Herzstück der documenta. Hier sind regelmäßig Sonderausstellungen zur Gegenwartskunst zu sehen, die dem Ausstellungshaus einen internationalen Ruf bescheren (s. S. 24).

29 [D2] **Gemäldegalerie Alte Meister.** Einer der größten Bestände an Rembrandt-Werken in Deutschland ist im Schloss Wilhelmshöhe zu bestaunen. Ein Fokus liegt auf der holländischen und flämischen Malerei (s. S. 66).

20 [N3] **Grimmwelt.** Außerordentliches Museum zu den Brüdern Grimm, das auch architektonisch beeindruckt. Neben den Kinder- und Hausmärchen liegt der Fokus auf den sprachwissenschaftlichen Studien von Wilhelm und Jacob Grimm (s. S. 49).

M16 [eh] **Henschel-Museum,** Wolfhager Straße 109, Tel. 8017250, www.hen

046ka-cl

schel-museum.net, geöffnet: jeden ersten Samstag und Sonntag im Monat 14–17 Uhr, Eintritt frei. Im ehemaligen Henschel-Werk in Rothenditmold beheimatet, widmet sich das von ehrenamtlichen Mitarbeitern geführte Museum dem Wirken der Kasseler Unternehmerfamilie. Dabei soll auch an das wirtschaftliche, soziale und kulturelle Erbe der Henschels erinnert werden. Lokomotivenmodelle aus der Geschichte der Firma bilden einen Schwerpunkt der Ausstellung.

23 [N3] **Hessisches Landesmuseum.** Anhand von rund 6000 Objekten gibt das Museum einen spannenden Überblick über 300.000 Jahre hessische Landes- und Kulturgeschichte (s. S. 57).

M17 [P2] **Kasseler Bademuseum,** Sternstraße 20, Tel. 0172 5655800, www.kurbad-jungborn.de, geöffnet: Mitte März–Mitte Dez. Do.–Mo. 14–19 Uhr, Eintritt frei. Das Museum befindet sich im Kurbad Jungborn, dem letzten erhaltenen Flussbad in Kassel. In vier Abteilungen wird die Geschichte und Entwicklung der Badeeinrichtungen Kassels nachgezeichnet. Wechselausstellungen widmen sich Aspekten rund um die Badekultur.

19 [N3] **Museum für Sepulkralkultur.** Das einzigartige Museum auf dem Weinberg beschäftigt sich mit Tod, Trauer und Bestattungsritualen (s. S. 48).

12 [P2] **Naturkundemuseum (Ottoneum).** Das Museum gibt unter anderem mit großen Präparaten von Mammuts und Sauriern einen Überblick über die Erdgeschichte in Nordhessen. Zugleich werden landgräfliche Kostbarkeiten gezeigt, unter anderem der berühmte „Goethe-Elefant“ (s. S. 39).

21 [O3] **Neue Galerie.** Das Museum an der „Schönen Aussicht“ zeigt beeindruckende Malereien und Skulpturen vom 19. Jh. bis zur Gegenwart (s. S. 53).

M18 [N1] **Spohr-Museum,** Franz-Ulrich-Straße 6, Tel. 7662528, www.spohr-museum.de, geöffnet: Sa., So. 10–16 Uhr, Mo.–Fr. nach Vereinbarung, Eintritt: frei. Derzeit noch im Südflügel des Kulturbahnhofs beheimatet, widmet sich das Museum dem Leben und Wirken des berühmten Komponisten und Dirigenten Louis Spohr. Im Jahr 1822 zum Hofkapellmeister in Kassel ernannt, prägte er 35 Jahre lang das musikalische Leben in der Stadt. In dem langgestreckten Bau warten nicht nur Möbel und Instrumente aus dem Besitz des Musikers auf die Besucher, sondern

Historische Straßenbahnen können im Technik-Museum begutachtet werden (s. S. 80)

auch diverse multimediale Mitmachaktionen. Bald soll das Museum in dem umgebauten **Palais Bellevue** [O3] an der Schönen Aussicht eine neue Heimat finden. Das 1714 errichtete Palais Bellevue beherbergte zuletzt bis 2014 das Brüder-Grimm-Museum.

4 [N2] **Stadtmuseum.** Auf insgesamt drei Etagen wird die Geschichte Kassels für die Besucher dank multimedialer Beiträge erlebbar gemacht. Der älteste erhaltene Stadtplan aus dem 16. Jahrhundert und ein Modell der im Zweiten Weltkrieg zerstörten Stadt stellen nur eine kleine Auswahl der zahlreichen Höhepunkte dar (s. S. 27).

M19 [eh] **Technik-Museum,** Wolfhager Straße 109, Tel. 86190400, www.tmkkassel.de, geöffnet: Mi.–Fr. 13–17, Sa., So. 11–17 Uhr, Eintritt: Erw. 6 €, erm. 5 €. Alte Dampfmaschinen, historische Straßenbahnen oder der in Kassel gebaute Transrapid: In den Räumlichkeiten des ehemaligen Henschel-Werks in Rothenditmold erwartet die Besucher eine spannende Zeitreise durch 300 Jahre Technikgeschichte.

Kunst unter freiem Himmel

Auch außerhalb der Museen und Galerien kommen Kulturinteressierte in Kassel auf ihre Kosten. Nicht nur die verschiedenen **documenta-Außenkunstwerke** (s. S. 18) sind ein Muss für Freunde zeitgenössischer Kunst, in der Stadt hat sich auch eine **kreative Street-Art-Szene** entwickelt, wie sich unter anderem an den aufwendigen Graffiti im Schillerviertel zeigt.

Auch die Wände der **Unterführungen am Weinberg** (am Philosophenweg [M3–N4] in Richtung Karlsaue) und am **Holländischen Platz** (Kreuzung Untere Königsstraße/Kurt-Wolters-Straße [fh]) zieren farbenfrohe Kunstwerke. Verantwortlich dafür ist der Verein **„Raum für urbane Experimente“**, ein Zusammenschluss aus jungen Stadtplanern, Architekten und Produktdesignern. Die Werke, die hier zu sehen sind, haben teils weltbekannte Künstler geschaffen. In den Unterführungen entstanden **öffentliche kulturelle Zonen,** die Menschen zusammenbringen und einen Denkanstoß bezüglich eines bewussten Umgangs mit städtischen Arealen geben sollen. Dabei erstreckt sich das kulturelle Erleben nicht nur auf die Graffiti, vielmehr dienen die Unterführungen auch als Ort für **Konzerte, Lesungen, Poetry-Slam-Veranstaltungen, Workshops** und **Ausstellungen.** Der urbane Raum wird somit zum Kommunikationsraum und zu einer Plattform zum Austausch zwischen Generationen und Gesellschaftsschichten.

Graffiti im Schillerviertel

Noch vor einigen Jahren hätte man das Schillerviertel im Stadtteil Nord-Holland sicherlich nicht als eine Gegend beschrieben, die man in Kassel unbedingt gesehen haben müsste. Das Quartier, nordöstlich vom Hauptbahnhof zwischen Schillerstraße [eh] und Wolfhager Straße [eg/h] gelegen, war lange Zeit vor allem für Prostitution, Drogen und Kriminalität bekannt. Mittlerweile befindet sich das Viertel aber im Aufbruch und ist auf dem besten Weg, sein Schmuddel-Image loszuwerden. Dies geschieht dabei auf einem besonders kreativen Weg: mit Farbe, Pinsel und Sprühdose.

Wer durch den Kiez geht, dem werden die zahlreichen aufwendigen Malereien, die hier an den Wandflächen zu bestaunen sind, nicht entgehen. Mehr als 40 bemalte Hauswände, Kunstsäulen und weitere Werke können mittlerweile in der sogenannten

Public Art Gallery bestaunt werden, deren Radius sich nicht mehr nur über das gesamte Schillerquartier, sondern auch nach Rothenditmold, in die Nordstadt und zum Kasseler Hafen erstreckt. Die Public Art Gallery soll stetig weiterwachsen, das Projekt **KolorCubes** hat es sich zur Aufgabe gemacht, Kassels Wände zum Strahlen zu bringen. Die Graffiti sollen nicht nur die Wandflächen verschönern, sondern als **Ort des Austauschs und der Identifikation** fungieren. Bei dieser kreativen Art der Stadtteilentwicklung geht es darum, nach außen zu demonstrieren, welch enorm kreatives und produktives Potenzial in dem Kiez steckt – und ihn darüber hinaus bekannter zu machen.

Durch regionale, aber auch internationale Künstler sind **wahre Kunstwerke** an den Fassaden entstanden, so zum Beispiel ein gigantisches Schwarz-Weiß-Gemälde des in Mexiko lebenden Künstlers Liqen in der Sickingenstraße, das als klare Industriekritik verstanden werden kann. Der farbenfrohen Kreativität der Street-Art sind bei den Werken keine Grenzen gesetzt. Es werden auch regelmäßig **Graffiti-Workshops** und **Rundgänge** zu den einzelnen Wandmalereien veranstaltet. Zu den Kunstwerken gibt es einen eigenen **100-seitigen Tourguide** von KolorCubes, den Fotograf Ulf Schaumlöffel und Graffiti-Künstler Dustin Schenk 2022 veröffentlicht haben („Public Art Gallery Kassel“, Euregioverlag, 14 €).

❯ Mehr Informationen zu den Angeboten von KolorCubes gibt es unter www.kolorcubes.de oder unter www.facebook.com/KolorCubesKassel.

Außer KolorCubes setzt sich vor allem der Verein **Schillerviertel e. V.** dafür ein, den in der Nähe der Uni und der Innenstadt befindlichen Kiez zu einem bunten Viertel und einem interessanten Umfeld für die Studierenden und alle hier lebenden und arbeitenden Menschen zu gestalten. Der gemeinnützige Verein, der von im Quartier ansässigen Künstlern, Gewerbetreibenden und Kulturfördernden gegründet wurde, organisiert auch das häufig im Mai stattfindende **Schillerviertelfest**, das nicht nur mit Livemusik und weiteren Kunstaktionen glänzt, sondern bei dem sich auch die Ansässigen aus dem Kiez vorstellen und darüber informieren, warum sie gerade hier leben, arbeiten und kreativ werden.

❯ Mehr Informationen zum Schillerviertel und den dortigen Veranstaltungen gibt es unter www.schiller-viertel.de. Die App „izi Travel“ bietet zudem einen rund vier Kilometer langen Spaziergang mit Audio-Guide rund um die Street Art in Kassel.

047ka-cl

▹ *Kreativität ist Trumpf: Graffiti zieren viele Häuser im Schillerviertel*

Kassel für Genießer

Essen und Trinken

Die nordhessische Küche hat einige Spezialitäten zu bieten und vor allem Freunde **deftiger Gerichte** werden in Kassel auf ihre Kosten kommen. Eine Speise, die aufgrund ihres Namens häufig mit der Stadt in Verbindung gebracht wird, ist dagegen nicht in der Region verwurzelt: Der **Kassler**, also gepökeltes und dann leicht geräuchertes Fleisch aus Schweinerippe, -bauch oder -nacken, hat nicht viel mit der Stadt zu tun. Die genaue Herkunft dieser Spezialität ist nach wie vor unbekannt. Mit Kassel eng verwoben ist dagegen die nordhessische **Ahle Wurscht**, die auf eine jahrhundertealte Tradition zurückblicken kann. Es handelt sich um eine luftgetrocknete oder leicht kaltgeräucherte Rohwurst aus schlachtfrischem Schweinefleisch. In Konsistenz und Farbe ähnelt sie einer italienischen Salami. Die Bezeichnung „Ahle" leitet sich vom mitteldeutschen Begriff für „alt" ab und verweist damit auf die lange Reifungsdauer der Wurst, die teilweise monatelang bei hoher Luftfeuchtigkeit abgehangen werden muss, ehe sie verzehrt werden kann. Traditionell isst man die Wurst mit Brot, aber auch in Suppen und mit anderen Beilagen entfaltet sie ihren Geschmack. (Mehr Informationen unter www.nordhessische-ahle-wurscht.de.)

Nicht weniger deftig und fleischhaltig ist **Weckewerk**, das auch im Wörterbuch der Brüder Grimm mit einem Eintrag gewürdigt wird. Unter dem Namen verbirgt sich eine Wurstspezialität, die früher ein typisches Resteessen vom Schlachttag war. Es gibt mittlerweile viele verschiedene Rezepte für Weckewerk, doch zumeist wird die Spezialität aus alten Brötchen, Schweinefleischresten, Schwarten, Zwiebeln und einigen Gewürzen wie Kümmel und Majoran hergestellt. Die Masse wird häufig mit Pellkartoffeln und sauren Gurken serviert.

> **Gastro- und Nightlife-Areale**
> Bläulich hervorgehobene Bereiche in den Karten kennzeichnen Gebiete mit einem dichten Angebot an Restaurants, Bars, Clubs, Discos etc.

Das I-Tüpfelchen der nordhessischen Küche sind die Soßen. Die Einwohner Kassels sind zum Beispiel stolz auf ihre **Grüne Soße**, die sich in ihrer Zubereitung von der aus Frankfurt am Main unterscheidet. Der wichtigste: In Kassel werden die Kräuter nur gleichmäßig grob geschnitten und nicht püriert.

Weil die Zutaten recht günstig sind, galt **Duckefett** lange Zeit als eine Speise für arme Leute. Es handelt sich um eine recht einfache, aber gleichwohl köstliche Soße, die aus Speck, Zwiebeln und Schmand zubereitet wird. Dazu werden gern Pellkartoffeln oder Kartoffelklöße gereicht. Der Name dieses alten Bauerngerichts leitet sich vom nordhessischen Begriff „tunken" ab, da man die Beilagen für gewöhnlich in die Soße eintaucht. Auch bei weiteren Speisen, die in Kassel sehr populär sind, wie zum Beispiel **Speckkuchen** und dem klassischen **Gehacktesbrötchen**, sollte man es mit dem Kalorienzählen nicht so genau nehmen. Eine Kostprobe lohnt sich aber definitiv.

Nordhessische Spezialität: eine zünftige Brotzeit mit Ahle Wurscht

Empfehlenswerte Restaurants

20 [G1] **Brauhaus zum Rammelsberg** €€-€€€, Rammelsbergstraße 4, Tel. 3162730, www.zum-rammelsberg.de, geöffnet: Mo.–Sa. 17–24, So. 12–24 Uhr. Rustikale Brauhausstube mit gutbürgerlicher Küche und großen Portionen. Im Sommer lädt der schöne Biergarten zum Verweilen ein. Da das Brauhaus sehr beliebt ist, empfiehlt sich eine vorherige Reservierung.

21 [M2] **Da Toni** €-€€, Friedrich-Ebert-Straße 26, Tel. 12001, www.pizza-datoni.de, geöffnet: Mo.–Fr. 10–23, Sa. 11–23, So. 16–23 Uhr. Kleine Pizzeria, in der man gemütlich sitzen kann, mit aufmerksamer Bedienung und fairen Preisen. Auf das Essen muss man hier nicht lange warten. Pizzen sind in zwei verschiedenen Größen erhältlich. Leckerer Nachtisch mit üppigen Portionen.

22 [J2] **Da Vinci** €-€€, Lasallestraße 1, Tel. 7667620, www.davinci-kassel.de, geöffnet: Di.–Do. 18–22, Fr., Sa. 18–22.30, So. 12–15, 18–21.30 Uhr. Traditionelle italienische Speisen zu bezahlbaren Preisen. Im Sommer kann man auf der stimmungsvollen Freiterrasse sitzen und es sich mit Vino, Pasta und neapolitanischer Pizza gut gehen lassen.

23 [K2] **denkMAHL** €€, Friedrich-Ebert-Sraße 98, Tel. 12215, www.denkmahl.com, geöffnet: Mo.–Fr. ab 9.30, Sa. ab 16, So. ab 10 Uhr. Dieses Restaurant bezeichnet sich als das „Wohnzimmer im Vorderen Westen" – und das durchaus zu Recht. In hellem Ambiente kann man sich hier vom Frühstück bis zum Abendessen verköstigen. In Sommermonaten lockt der eigene Biergarten, in der kälteren Jahreszeit ein Winterwäldchen.

24 [J1] **Eberts** €-€€, Friedrich-Ebert-Straße 116, Tel. 7399230, www.eberts-kassel.de, geöffnet: tägl. 9–22 Uhr. Szenerestaurant im Jugendstilflair, das nicht nur zum Frühstücken einlädt, sondern auch mit leckeren Nudel- und Fleischgerichten überzeugt. Es empfiehlt sich eine vorherige Reservierung. Schöner Außenbereich, der im Sommer ebenfalls stark frequentiert ist.

25 [N3] **Eckstein** €-€€, Obere Königsstraße 4, Tel. 713300, www.eckstein-kassel.de, geöffnet: Mo.–Do. 11.30–23, Fr., Sa. 11.30–24, So. 11.30–23 Uhr. Bodenständige Speisen zu vernünftigen Preisen. Das Restaurant punktet vor allem mit seiner großen Auswahl an Schnitzelgerichten, die man in verschiedenen Größen bestellen kann. Aber auch Fisch- oder Pizzaliebhaber kommen hier auf ihre Kosten.

052ka-cl

Preiskategorien
Preise für ein Hauptgericht ohne Getränke:

€	bis 15 €
€€	15–27 €
€€€	ab 27 €

26 Foster's Garden €€-€€€, Eichwaldstraße 50, Tel. 552777, www.fosters-garden.de, geöffnet: Di.–Do. 17–23, Fr., Sa. 17–1, So. 17–23 Uhr. Krokodilsteak, Kängurufilet, Straußenburger: Wer schon immer mal exotische Fleischvarianten zu sich nehmen wollte, für den ist das im Osten Kassels gelegene australische Restaurant zu empfehlen. Schneller und freundlicher Service und üppige Auswahl bei den Speisen.

27 [N3] **Humboldt 1a** €€€, Humboldtstraße 1a, Tel. 76649755, www.humboldt1a.de, geöffnet: Mi.–Fr. 17.30–22, Sa., So. 12–15, 17.30–22 Uhr. Villenrestaurant mit guter internationaler Küche und schöner Freiterrasse. Neben der saisonalen Speisekarte werden täglich wechselnde Fischgerichte und zusätzliche Vor- und Nachspeisen angeboten.

28 [O2] **Lê & Vi** €-€€, Opernstraße 2, Tel. 92029171, www.levi-kassel-gastro.de, geöffnet: Mo.–Sa. 12–15, 17–22, So. 15–22 Uhr. Das zentral gelegene Restaurant ist eine Kombination der Gar- und Grillküchen Südostasiens mit westlicher Esskultur. Modern eingerichtet, punktet es mit reichhaltigen vietnamesischen Speisen und Sushi-Variationen. Freundlicher und zügiger Service.

29 [N2] **Lohmann** €-€€, Königstor 8, Tel. 7016875, www.lohmann-kassel.de, geöffnet: tägl. 16.30–22.30 Uhr. Eine Institution in Kassel: Bodenständige Küche mit fairen Preisen und großen Portionen. Gemütliche Holzeinrichtung mit gerahmten Fotos. Zudem ein schöner Biergarten mit 240 Plätzen.

30 [L3] **Mondi** €€€, Wilhelmshöher Allee 34, Tel. 83079318, www.mondi-restaurant.de, geöffnet: Di.–Sa. ab 18 Uhr. Nachhaltigkeit wird hier vorgelebt: Das 2021 eröffnete Restaurant wurde bereits ein Jahr später vom Guide Michelin mit einem grünen Stern ausgezeichnet. Dieses Prädikat wird an Res-

048ka-cl

MEIN TIPP

Ostafrikanische Spezialitäten und Kaffeezeremonie

In dem rustikalen Restaurant, dessen Interieur von hölzernen Decken- und Stützbalken sowie afrikanischer Dekoration geprägt ist, gibt es eine große Auswahl an traditionellen Speisen aus Eritrea und Äthiopien. Auch Veganer und Vegetarier kommen hier auf ihre Kosten. Zu empfehlen sind die gemischten Platten, von der gleich mehrere Personen satt werden. Im Abessina steht jedoch nicht nur das Essen im Vordergrund: Täglich von 17 bis 20 Uhr findet eine traditionelle abessinische Kaffeezeremonie statt – ein echtes Erlebnis (Kosten: 6 €, Reservierung am Vortag nötig).

36 [P1] **Restaurant Abessina** €-€€, Kurt-Schumacher-Straße 23, Tel. 50399263, www.abessinarestaurant.com, geöffnet: tägl. 12–24 Uhr

taurants verliehen, die sich in besonderer Weise für die Nachhaltigkeit einsetzen. Täglich wechselnde Menüangebote.

31 [G2] **Restaurant DuckDich** €€-€€€, Wilhelmshöher Allee 296, Tel. 312881, www.facebook.com/duckdichKS, geöffnet: Mo., Mi., Do. 17–22, Fr., Sa. 17–22.30, So. 17–21.30 Uhr. In dem Lokal kommen v. a. Steakfreunde auf ihre Kosten. Die Gerichte werden auf einem heißen Stein direkt am Platz zubereitet. So wird das Essen zu einem Erlebnis.

32 [J3] **Suppenplantage** €, Wehlheider Platz 3, Tel. 99791263, www.suppenplantage-kassel.de, geöffnet: Mo., Di., Do. 11–15, Mi. 11–17, Fr. 9.30–15 Uhr. Angesagtes Restaurant im Stadtteil Wehlheiden. Die Inhaberin setzt auf regionale und saisonale Produkte. Auch das Fleisch wird ausschließlich aus Bioproduktion bezogen. Neben leckeren Suppen gibt es zusätzlich wechselnde Tagestipps und Salate.

33 [ek] **Timberjacks** €€-€€€, Raiffeisenstraße 22, Tel. 8794820, www.timberjacks.com/kassel, geöffnet: Mo.–Do. 9–23, Fr., Sa. 9–24, So. 9–23 Uhr. Wollten Sie schon immer mal auf einem mechanischen Bullen reiten? Im Timberjacks gibt es die Gelegenheit dazu! Vom Frühstück bis zum Abendessen werden im Timberjacks leckere amerikanische Speisen in entsprechendem Ambiente serviert. Jeden Mittwochabend Livemusik.

34 [K1] **Zum Lichtenhainer** €-€€, Elfbuchenstraße 4, Tel. 5297800, www.lichtenhainer-kassel.de, geöffnet: Di.–Sa. 17–23.30 Uhr. Typische nordhessische Speisen wie Weckewerk, Ahle Wurscht, Kartoffelsuppe oder Duckefett, aber auch andere Gerichte wie Pizza und Schnitzel werden in dem markanten Traditionshaus im Vorderen Westen aufgetischt – zu überaus moderaten Preisen.

Für den kleinen Hunger

35 [fh] **Al Wali,** Leipziger Straße 79, Tel. 0179 3714522, geöffnet: tägl. 8–20 Uhr. Kein gewöhnlicher Imbiss: Direkt neben der Kfz-Zulassungsstelle befindet sich ein rot getünchter Bau, in dem Inhaber Mazen Nouruldeen leckere orientalische Spezialitäten zubereitet. Der Imbiss des syrischen Kriegsflüchtlings, der sich selbst als „Koch aus Leidenschaft" bezeichnet, hat sich zu einem beliebten Treffpunkt für Freunde der orientalischen Küche entwickelt.

› **Baguettski,** Königs-Galerie (s. S. 93), Tel. 776841, geöffnet: Mo.–Sa. 11–19 Uhr. Eine große Auswahl an frischen Baguettes, Salaten und Desserts zu fairen Preisen bietet die regionale

Viele Lokale locken mit Sitzplätzen im Freien, die vor allem in den wärmeren Monaten sehr begehrt sind

Meine Tipps

Lecker vegetarisch

37 [J3] **Herbstapfel** €, Kohlenstraße 20, Tel. 84090000, www.herbstapfel.de, geöffnet: Mo., Mi.–Fr. 17.30–22, Sa., So. 13–22 Uhr. Salate, Bowls, Burger und Nachtische: Vegetarisches und veganes Restaurant mit rustikalem Ambiente und zuvorkommendem Personal. Es wird viel Wert auf regionale und saisonale Zutaten gelegt.

> **Kollektivcafé Kurbad** (s. S. 87)

> **Restaurant Abessina** (s. S. 85)

Für den späten Hunger

38 [L2] **Marmara,** Friedrich-Ebert-Straße 66, Tel. 713375, geöffnet: Mo.–Do. 10–22, Fr., Sa. 10–3, So. 12–21 Uhr. Dieser beliebte türkische Imbiss ist die richtige Lokalität, um sich abends noch den Bauch vollzuschlagen. An Wochenenden ist bis 3 Uhr nachts geöffnet.

Dinner for One

39 [K2] **Café Buch-Oase**, Germaniastraße 14, Tel. 0176 22726511, www.cafebuchoase.de, geöffnet: Di.–So. 14–18 Uhr. In aller Ruhe ein Buch aus der hauseigenen Bibliothek lesen oder gratis im Netz surfen, das ist in diesem beschaulichen Café im Vorderen Westen möglich. Neben fair gehandeltem Kaffee gibt es hier auch einige Speisen wie Bio-Kuchen, Salate und Suppen. Bei schönem Wetter lädt der Hinterhof zum Entspannen ein. Darüber hinaus finden regelmäßig Kulturveranstaltungen wie Lesungen, Konzerte und Vorträge statt.

085ka-cl

Lokale mit guter Aussicht

40 [N3] **Grimms Garten,** Weinbergstraße 21, Tel. 81045460, www.grimmsgarten.net, geöffnet: tägl. 12–22 Uhr. Hinter der Grimmwelt kann man in diesem Biergarten mit 300 Plätzen zwischen Mai und September bei einem kühlen Getränk den schönen Ausblick auf die Kasseler Südstadt genießen.

41 [Q1] **Inselrestaurant Finkenherd** €-€€, Weserstraße 6a, Tel. 7393453, www.finkenherd-kassel.de, geöffnet: April–Sept. tägl. 11.30–23 Uhr, in den Wintermonaten ist Mo. Ruhetag und die Öffnungszeiten können verkürzt sein. Auf der kleinen Fuldainsel in der Nähe des Altmarkts gelegen, genießen die Gäste auf der Terrasse einen hervorragenden Blick auf den Fluss. Gut besuchtes Restaurant mit großer Auswahl an Grillspezialitäten.

42 [fj] **Riverside** €-€€, Auedamm 15, Tel. 8164598, www.riverside-kassel.de, geöffnet: Di.–So. ab 11.30 Uhr. Beliebtes Restaurant mit gutbürgerlicher Küche mit einer schönen Sonnenterrasse, von der man direkt auf die Fulda schaut.

43 [ek] **Siebenbergen,** Auedamm 60, Tel. 73999803, www.7bergen.de, geöffnet: Di., Mi. 10–20, Do.–Sa. 10–22, So. 10–18 Uhr. Die leckeren Kuchensorten werden nur noch vom Blick auf die Blumeninsel Siebenbergen getoppt.

44 [G1] **Zum Herkulesblick** €-€€, Zum Berggarten 61 D, Tel. 61560, geöffnet: Mo.–Fr. 16–21, Sa., So. 15–21 Uhr. Etwas versteckt in Kirchditmold, kann man von der Terrasse des Lokals bei Schnitzel, Steak und Co. den fantastischen Blick auf den Herkules genießen.

Imbisskette Baguettski. Weitere Standorte in der Poststraße und der Wilhelmshöher Allee.

45 [O1] **Becker's Grill-Spezialitäten,** Untere Königsstraße 47, geöffnet: tägl. 10–20 Uhr. Ein absoluter Kult-Imbiss in der Kasseler Innenstadt. Bratwurst, Schnitzel, Pommes, Burger: Wer es gerne deftig mag, ist hier auf jeden Fall an der richtigen Adresse.

46 [O1] **BERTS' friterie,** Kölnische Straße 2, www.berts-friterie.de, geöffnet: Mo.–Sa. 11.30–20 Uhr. Der Laden in der Innenstadt ist berühmt für seine leckeren Poutine-Kreationen. Darunter versteht man vereinfacht gesagt Pommes mit Käse und Bratensoße. Daneben gibt es weitere Imbiss-Klassiker wie Currywurst und Burger. Aber auch für Vegetarier und Veganer wird gesorgt.

47 [J2] **Satt & glücklich,** Pestalozzistraße 10, Tel. 47453272, www.sattundgluecklich-kassel.de, geöffnet: Mo.–Do. 10–18, Fr.–So. 9.30–18 Uhr. In den Räumlichkeiten des früheren Traditionscafés Hahn werden seit 2020 leckere Stullen, Quiches und Kuchen serviert.

Cafés

48 [O2] **Café Bach,** Theaterstraße 1, Tel. 81043709, www.patisserie-bach.de, geöffnet: täglich 10–18 Uhr. Ideal für Schleckermäuler: Kleines Café mit einer vorzüglichen Auswahl an hausgemachten Torten, Kuchen und Pralinen. Meist sehr gut besucht, sodass man ein wenig Wartezeit einkalkulieren muss, ehe man einen freien Tisch ergattern kann.

49 [fg] **Café Hurricane,** Gottschalkstraße 38, Tel. 898072, www.hurricane-cafe.de, geöffnet: Mo.–Do. 9–24, Fr., Sa.9–1, So. 9–24 Uhr. Beliebtes Studentenlokal in der Nähe der Universität mit preiswerten Gerichten und großen Portionen. Eine Mischung aus Café und Bistro.

50 [L2] **Café Lange,** Friedrich-Ebert-Straße 72, Tel. 17138, www.cafelange.de, geöffnet: tägl. 8–18 Uhr. Traditionelles, stets gut besuchtes Café im Vorderen Westen mit vielen frisch zubereiteten Torten. Ganztägig kann man hier zwischen verschiedenen Frühstücksangeboten wählen.

51 [O2] **Café Nenninger,** Friedrichsplatz 8, Tel. 7661690, www.cafe-nenninger.de, geöffnet: Mo.–Fr. 9–19, Sa. 9–20, So. 9–19 Uhr. Mit seiner mehr

Mein Tipp

Kollektivcafé Kurbad

Im Café im Kurbad Jungborn, das mit einer Terrasse direkt an der Fulda lockt, steht der Gemeinschaftsgedanke im Vordergrund. Es wird von einem Kollektiv betrieben, die Arbeit untereinander möglichst solidarisch, selbstbestimmt und hierarchiefrei organisiert. Darüber hinaus sind die Preise für Kaffee, Kuchen und Snacks äußerst fair – laut Wunsch der Betreiber soll es vielen Menschen ermöglicht werden, das Kollektivcafé als Ort des sozialen Austauschs und als Treffpunkt für gemütliche Kaffeepausen zu nutzen. Für Gäste, die momentan knapp bei Kasse sind, gibt es sogar ein Glas mit etwas Geld, aus dem sie sich bedienen können, um ihre Rechnung zahlen zu können. Vertrauen und Solidarität werden hier großgeschrieben. Die Getränke und Speisen, die angeboten werden, kommen größtenteils aus biologischer Herstellung und es gibt ein breites Angebot für Vegetarier und Veganer. Daneben dienen die Räumlichkeiten auch als Ort für kulturelle und politische Veranstaltungen und Konzerte.

52 [P2] **Kollektivcafé Kurbad**, Sternstraße 20, Tel. 47555960, www.kollektivcafe-kurbad.org, geöffnet: Mo., Do.–Sa. 12–20, So. 12–18 Uhr

Smokers' Guide

Das Rauchen ist in Gaststätten, Kneipen oder Clubs nur in speziell ausgewiesenen Räumen möglich. Nichtsdestotrotz gibt es einige Lokale, die explizit als Raucherkneipen ausgewiesen sind. Dazu zählt neben Joe's Garage (s. S. 90) u. a. das Bohemia (s. u.).

In anderen Lokalen gibt es abgetrennte Räume oder eine Veranda, wo geraucht werden darf. Mitten im Zentrum ist die Raucherlounge von **The Hemingway Club** (s. S. 90) zu nennen. Sehr gut essen kann man im Bistro Mistral, das ebenfalls einen separaten Raucherbereich bietet.

58 [L2] **Bohemia,** Friedrich-Ebert-Straße 60, Tel. 16391, www.bohemia-kassel.de, geöffnet: Mo.-Do. 11-24, Fr., Sa. 11-4 Uhr. Seit der Gründung im Jahr 1982 hat sich das Lokal zu einer Szenekneipe mit regelmäßigen Partys und weiteren Veranstaltungen entwickelt.

59 [K4] **Bistro Mistral** €-€€, Schönfelder Straße 54, Tel. 9219998, www.bistro-mistral.de, geöffnet: Mo.-Sa. 17-24 Uhr. Südfranzösisches Bistro, das kleinere Gerichte wie geröstete Baguettescheiben, Suppen und Crêpes anbietet, darüber hinaus aber auch verschiedene Salate, Pasta, Steaks und Fischspeisen auf der Karte hat.

als 100-jährigen Geschichte gehört das Café Nenninger zu den Traditionshäusern in Kassel. Modern eingerichtet und mit einer großen Auswahl an Torten und einem reichhaltigen Frühstücksbüfett.

53 [fh] **Café Nordpol,** Gottschalkstraße 12, Tel. 85522, www.cafe-nordpol.eatbu.com, geöffnet: tägl. 9-24 Uhr. Beliebtes Café im Univiertel der Stadt mit zahlreichen Frühstücksangeboten. Aber auch Pasta, Pizza, Grillspezialitäten, Desserts oder andere Gerichte stehen auf der Karte. Eine vorherige Reservierung empfiehlt sich.

54 [O2] **Die Kaffeerösterin,** Wilhelmsstraße 31, Tel. 50357400, www.diekaffeeroesterin.de, geöffnet: Mo.-Sa. 10-18 Uhr. Das hell eingerichtete Café, in dem es nach frisch gerösteten Bohnen duftet, bietet eine große Auswahl an verschiedenen Kaffeevariationen aus der ganzen Welt. Pralinen aus regionaler Erzeugung, Aufstriche, Becher und Kaffeezubehör können ebenfalls erworben werden. Seit 2022 mit neuem Inhaber, der die Tradition seiner Vorgängerin aber in unverändert hoher Qualität fortführt.

55 [O2] **Salotto 1828,** Opernstraße 2, Tel. 76697200, https://salotto1828.de, geöffnet: Mo.-Sa. 9-19, So. 9-18 Uhr. Stilvoll und gemütlich eingerichtetes Café, das mit freundlichem Service und einer großen Auswahl an Kaffeespezialitäten punktet.

56 [O2] **Stadtcafe,** Obere Königsstraße 41, Tel. 9372215, geöffnet: Mo.-Sa. 9-19 Uhr, So. 10-18 Uhr. Zentraler geht es kaum: Das Stadtcafe ist die ideale Anlaufstelle, um sich nach einer Shoppingtour in der City mit einem Kaffee oder mit einem Stück Kuchen zu verwöhnen. Im Sommer kann man im Außenbereich das Treiben in der Innenstadt beobachten.

57 [J1] **Westend Café**, Elfbuchenstraße 18, Tel. 9201122, geöffnet: Mi.-Sa. 9-18, So. 10-18 Uhr. Gemütliches, alternatives Café, das etwas versteckt im Vorderen Westen gelegen ist und vor allem bei Studenten beliebt ist. Der Kaffee im Westend hat Bio-Qualität und wird fair gehandelt.

Das Gleis 1 im Kulturbahnhof ist Restaurant, Lounge und Bar in einem

Kassel am Abend

In entspannter Atmosphäre ein paar Kaltgetränke zu sich nehmen, bei wummernder Musik das Tanzbein schwingen oder kulturell anregende Stunden im Theater verbringen: Auch am Abend kommt in Kassel keine Langeweile auf. Wenn die Sonne untergeht, gibt es in der Stadt viel zu entdecken. Zahlreiche exzellente Bars und Kneipen, angesagte Clubs und weitere empfehlenswerte Anlaufpunkte sorgen für ein vielschichtiges Nachtleben, das sich vielleicht nicht mit den Angeboten in Städten wie Berlin oder Hamburg messen kann, aber vielerlei Interessen bedient und kaum einen Wunsch offenlässt.

Biergärten

60 [J4] **Backstube,** Kochstraße 16, Tel. 27629, www.backstube-kassel.jimdo.com, geöffnet: tägl. ab 17 Uhr. Uriger Biergarten im Stadtteil Wehlheiden mit angrenzendem Spielplatz. Das bei Jung und Alt beliebte Ausflugslokal lockt mit Getränken zu fairen Preisen und einem kleinen Speisenangebot am Grillstand (Bratwurst, Steaks, Salate). In der kalten Jahreszeit verwandelt sich der Biergarten in einen Wintergarten, in dem unter anderem Glühwein und Winterbier serviert wird. Zudem finden hier auch regelmäßig Konzerte statt.

61 [B2] **Kaskadenwirtschaft Grischäfer,** Am Schloßpark 22, Tel. 2887744, www.kaskaden-wirtschaft.de, geöffnet: Mai–November Mi.–So. 12–18 Uhr, abweichende Öffnungszeiten in den Wintermonaten. Exzellente Lage am Fuße der Kaskaden im Bergpark. Der wunderschöne Biergarten lädt zum Verweilen ein und das nett eingerichtete Restaurant bietet eine saisonale Speisekarte mit regionalen Produkten. Beliebt ist das Wintergrillen, das zwischen Januar und März immer sonntags mit Leckereien lockt.

62 [P2] **Rondell,** Johann-Heugel-Weg, Tel. 015778945853, www.rondell-kassel.com, geöffnet: April–Oktober Mo.–Sa. ab 16, So. ab 12.30 Uhr. Im 16. Jahrhundert wurde das Rondell an der Fulda als Geschützturm errichtet. Auf der Plattform befindet sich mittlerweile ein beliebter und gepflegter Biergarten, der auch über einen Sandkasten für die Kleinen verfügt. Bei einem kühlen Getränk bietet sich den Gästen ein schöner Blick auf die Fulda.

050ka-cl

Livemusik und Kneipen

63 [M2] **Bar Seibert,** Friedrich-Ebert-Straße 47, Tel. 69022715, www.barseibert.de, geöffnet: tägl. ab 17 Uhr. Stilvoll und modern eingerichtete Cocktailbar, die 2017 zu einer der besten ihrer Art in Deutschland gewählt wurde. Neben einer Vielzahl an Cocktails werden hier auch einige Speisen angeboten. Regelmäßige Musik- oder Comedy-Veranstaltungen runden das Angebot ab.

64 [P1] **Braumanufaktur Steckenpferd,** Kastenalsgasse 8, Tel. 92011470, www.braumanufaktur-steckenpferd.de, geöffnet: Fr., Sa. 18–23 Uhr. In einer ehemaligen Metzgerei am Pferdemarkt wird Craft Beer gebraut. Das Aushängeschild der Brauerei ist eine gemütlich eingerichtete Bar, in der nicht nur das Bier, sondern auch selbst angesetzte Liköre, Schnäpse und Limonaden über den Tresen gehen.

65 [N1] **Gleis 1,** Rainer-Dierichs-Platz 1, Tel. 7664240, www.gleis1.eu, geöffnet: Mo.–Do. 11.30–23, Fr. 11.30–2 Uhr, Sa. und So. regelmäßig Veranstaltungen und Partys. Im Kulturbahnhof gelegen, überzeugt das Gleis 1 mit seiner modernen Einrichtung, einer großen Auswahl an Cocktails und zahlreichen Veranstaltungen (Salsa-Kurse, Comedy-Nächte, 90er-Jahre-Partys etc.).

051ka-cl

66 [L2] **Joe's Garage,** Friedrich-Ebert-Straße 60, Tel. 18686, www.joes-garage.de, geöffnet: Mo.–Do. 11–1, Fr. 11–3, Sa. 12–4, So. 12–1 Uhr. Eingerichtet im Stil einer amerikanischen Autowerkstatt mit Zapfsäulen und Sitzen aus Cadillac-Teilen, werden in dieser kultigen Raucherkneipe seit ihrer Gründung 1991 regelmäßig legendäre Konzerte und Partys veranstaltet.

67 [O2] **LeichtSinn – Wein & Genuss,** Neue Fahrt 15, Tel. 93720636, www.leicht-sinn.bar, geöffnet: Mo.–Sa. 9–24 Uhr. Ein Ort des Genusses: Bei der großen Auswahl an deutschen und internationalen Tropfen kommen Weinfreunde hier voll auf ihre Kosten. Es sind auch einige passende Speisen im Angebot.

68 [fg] **Mutter,** Bunsenstraße 15, Tel. 894278, geöffnet: Di.–Do. 21–2, Fr., Sa. 22–4 Uhr. Die Szenekneipe ist in der Nordstadt nicht mehr wegzudenken. In der alternativen und eher schrillen Bar werden die härteren Töne gespielt – sprich Punk und Trash. Die Mutter ist bekannt für den leckeren Schnaps „Mexikaner", der genau wie die anderen Getränke zu sehr fairen Preisen ausgeschenkt wird.

69 [N3] **The Hemingway Club,** Obere Königsstraße 8, Tel. 8166442, www.thehemingwayclub.de, geöffnet: Di.–Do. 18–0.30, Fr., Sa. 18–2 Uhr. Charmante Kellerbar unter dem Rathausgebäude mit einer großen Auswahl an ausgezeichnet schmeckenden Cocktails.

70 [M2] **The Shamrock,** Bürgermeister-Brunner-Straße 19, Tel. 2028630, www.irishpubkassel.de, geöffnet: Mo.–Mi. 17–2, Do., Fr. 17–3, Sa. 14–3, So. 14–2 Uhr. Gemütlicher Pub mit sehr lan-

In uriger Atmosphäre ein paar Guinness trinken kann man sehr gut im Irish Pub The Shamrock

gen Öffnungszeiten. Große Auswahl an irischen Bieren und anderen Alkoholika. Vor allem am Wochenende wird häufig Livemusik gespielt, zudem gibt es unter der Woche Aktionen wie den Quizabend am Montag und Karaoke am Donnerstag. Großer Raucherraum, in dem sich auch ein Billardtisch befindet.

71 [K2] **Ulenspiegel,** Goethestraße 30, Tel. 777887, www.ulenspiegel-kassel.de, geöffnet: Mo.–Do., So. 16.30–1, Fr., Sa. 16.30–2 Uhr. Urige, stets gut besuchte Kneipe mit günstigen Preisen und einer kleinen Auswahl an Speisen. Im Winter ist der „Glühweingarten" im Ulenspiegel ein echter Publikumsmagnet.

Theater, Konzerte und Varieté

72 [M2] **Komödie,** Friedrich-Ebert-Straße 39, Tel. 18383, www.komoedie-kassel.de. Hier bleibt kein Auge trocken: Die Komödie ist ein gemütliches, kleines Theater mit 163 Sitzplätzen. Neben Gastspielen aus den Bereichen Comedy und Kabarett gibt es jedes Jahr auch mehrere Eigenproduktionen.

73 [dh] **Kongress Palais,** Holger-Börner-Platz 1, Tel. 707702, www.kongress-palais.de. Die zwischen 1911 und 1914 erbaute monumentale Stadthalle Kassels mit ihrer beeindruckenden Säulenfassade ist der Austragungsort vieler Konzerte von hochrangigen Künstlern. Von Klassik bis Jazz, Pop und Rock kommen Musikliebhaber hier auf ihre Kosten. Darüber hinaus gibt es in den historischen Sälen auch Musicals, Comedy-Veranstaltungen und andere Shows zu sehen.

•**74** [fg] **Kulturzentrum Schlachthof,** Mombachstraße 10–12, Tel. 2207120, www.schlachthof-kassel.de. Neben Beratungs- und Bildungsangeboten für Migranten und einer umfassenden Jugendarbeit bietet das Kulturzentrum in der Nordstadt auch ein vielfältiges Veranstaltungsprogramm. Die mehr als 200 Events pro Jahr im ehemaligen Schlachthof umfassen sowohl Konzerte als auch Lesungen, Kleinkunst und Theaterabende.

13 [P2] **Staatstheater.** Dreispartenhaus mit Oper, Studiobühne und Schauspielhaus. Der größte Theaterbetrieb der Stadt sorgt dadurch für ein umfassendes kulturelles Angebot, das kaum einen Wunsch offenlässt (s. S. 40).

75 [N1] **theater im centrum,** Akazienweg 24, Tel. 7018722, www.theaterimcentrum.de. In der Stadt eigentlich nur als „tic" bekannt, begeistert das freie Musicaltheater mit seinen ausgefallenen Stücken, seinen Lieder- und Tanzabenden sowie Jazz- und Kammerkonzerten das Publikum. Das schnuckelige Theater mit familiärer Atmosphäre, das in den einstigen Gemeinderäumen einer Kirche beheimatet ist, bietet 171 Sitzplätze.

76 [N2] **Theaterstübchen,** Jordanstraße 11, www.theaterstuebchen.de. Mit seinen Theateraufführungen, Jazz- und Blues-Konzerten sowie Disco-Abenden hat sich das Theaterstübchen zu einem Szenetreff im kulturellen Leben der Stadt entwickelt. Ein Highlight ist der vom Theaterstübchen mitorganisierte Jazz-Frühling mit zahlreichen Konzerten im März.

Kino

Drei **Programmkinos** firmieren unter einem gemeinsamen Emblem – **Kasseler Arthousekinos.** Dadurch wird die Verbindung und die Bedeutung des cineastischen Dreiecks zwischen Goethestraße, Ständeplatz und Hauptbahnhof herausgestellt.

77 [K2] **Filmladen,** Goethestraße 31, Tel. 707650, www.filmladen.de

78 [N1] **BALi,** Rainer-Dierichs-Platz 1, Tel. 710555, Website s. o.

79 [N2] **Gloria,** Friedrich-Ebert-Straße 3, Tel. 7667950, Website s. o.

Der **Filmpalast** ist ein modernes 15-Säle-Großkino, u.a. mit IMAX-Leinwand, das neben den gängigen Blockbustern auch Undergroundfilme und Klassiker zeigt.

80 [O3] **Filmpalast,** Karlsplatz 8, Tel. 701717, https://kassel.filmpalast.de

Clubs, Discos und Co.

81 [L2] **Club 22,** Friedrich-Ebert-Straße 61A, Tel. 7397919, www.club22-kassel.de, geöffnet: Fr. 23–5, Sa. 22–5 Uhr. Nachfolger des legendären Club 21. Modern eingerichtete Location mit zwei Etagen. Einlass erst ab 21 Jahren.

82 [N1] **Lolita Bar,** Werner-Hilpert-Straße 22, Tel. 713147, https://lolitabar.de, geöffnet: Di. ab 20, Mi., Fr., Sa. ab 22 Uhr. Früher eine Oben-ohne-Bar, hat sich die Lolita Bar zu einer Perle der Subkultur entwickelt. In lockerer und kuscheliger Atmosphäre kann man hier feiern, kickern und zu fairen Preisen Getränke zu sich nehmen. Schöner Biergarten im Innenhof.

83 **Musikpark A7,** Miramstraße 74, Tel. 95380340, www.musikpark-a7.de, geöffnet: Fr., Sa. 23–5 Uhr. Die angesagte Großraumdisco, im Norden der Stadt in der Nähe der Autobahn gelegen, gilt als der größte Partyclub in Nordhessen. Auf mehreren Floors wird hier bis zum frühen Morgen ausgelassen getanzt und gefeiert. Sehr beliebt ist die Mausefalle, ein Raum im Stil einer alpenländischen Aprés-Ski-Hütte, in der Musik aus den 1990er- und 2000er-Jahren erklingt.

84 [N3] **York,** Obere Königsstraße 4, Tel. 7397919, www.york-kassel.de, Öffnungszeiten variieren je nach Event, oftmals Fr., Sa. 23–5 Uhr. Hipper Club mitten in der Innenstadt mit zumeist etwas jüngerem Publikum. Verschiedene Events mit unterschiedlichen Musikrichtungen und Angeboten.

Kassel zum Stöbern und Shoppen

Kassel hat für jeden Geschmack etwas zu bieten: Die zahlreichen Einkaufsmöglichen im Stadtgebiet sorgen dafür, dass die komplette Bandbreite an interessanten, originellen, witzigen, exklusiven oder auch preiswerten Artikeln abgedeckt wird. Zweifelsohne ist die **Königsstraße** [N3–O1] der zentrale Anlaufpunkt, wenn es ums Shoppen geht. Mehrere Hundert Fachgeschäfte reihen sich hier aneinander, bei deren Angebot vom schicken Abendkleid über legere Sportkleidung, Brillen, Mäntel und Hüte bis zu Accessoires kaum ein Wunsch offenbleibt. Entlang dieser Flaniermeile sind in direkter Nähe auch die drei **Einkaufszentren** Königs-Galerie, City Point und Kurfürsten-Galerie zu finden, die nicht nur mit vielen Geschäften, sondern auch mit ihrem gastronomischen Angebot punkten.

Sind in der **Unteren und Oberen Königsstraße** in erster Linie bekannte Ketten beheimatet, befindet sich nur wenige Meter entfernt das **Quartier Wilhelmsstraße,** das sich durch diverse **inhabergeführte Geschäfte** auszeichnet, die teilweise eine recht lange Tradition aufweisen.

Dieses Viertel, das die Wilhelmsstraße mitsamt den angrenzenden Straßen Wolfsschlucht, Opernstraße, Neue Fahrt, Garde-du-Corps-Straße und Seidlerstraße umfasst, präsentiert sich als Kassels feine Meile, die im Gegensatz zur doch etwas trubeligen Königsstraße etwas mehr Ruhe bietet. Die ansässigen Händler, Gastronomen und Dienstleister haben sich dabei zu einem Verein zusammengeschlossen, der seit 1976 die Interessen des Quartiers vertritt und das Ziel verfolgt, es zum Aushängeschild der Innenstadt zu machen.

› Weitere Informationen zum Quartier Wilhelmsstraße bietet die Website www.quartier-wilhelmsstrasse.de. Dort erhält man nicht nur einen wertvollen Überblick über die ansässigen Geschäfte, sondern auch über das Quartier, dessen Geschichte und die Ziele des Vereins.

089ka ©Benjamin Zweig, stock.adobe.com

Besonderen Charme versprüht auch der **Vordere Westen** 24. Zahlreiche stilvolle Boutiquen, Antiquitätengeschäfte, gut ausgestattete Buchläden und eine Reihe weiterer Anlaufpunkte laden auf der **Friedrich-Ebert-Straße** [J-N2] zum Flanieren und Bummeln ein. Wer auf der Suche nach etwas Individuellem ist, sollte sich auf jeden Fall die Zeit nehmen, Kassels kreativstes Viertel zu erkunden.

Einkaufszentren

85 [O1] **City Point,** Königsplatz 61, Tel. 701300, www.city-point-kassel.de, geöffnet: Mo.-Sa. 9.30-20 Uhr. In dem Einkaufszentrum in der Innenstadt gibt es eine große Auswahl an beliebten Marken. Großer Food-Court im dritten Stock, zudem Tiefgarage mit 220 Stellplätzen.

86 [ek] **dez Einkaufszentrum,** Frankfurter Straße 225, Tel. 475960, www.dez.de, geöffnet: Mo.-Sa. 9.30-20 Uhr. Verkehrsgünstig an der A49 gelegenes Einkaufszentrum in Niederzwehren mit beinahe 100 Shops und Gastronomiebetrieben auf einer Etage. Mehr als 1400 kostenlose Parkplätze.

Shoppingareale

Die wichtigsten Shoppingbereiche der Stadt sind im Kartenmaterial mit einer rötlichen Fläche markiert.

87 [O2] **Königs-Galerie,** Obere Königsstraße 39, Tel. 700080, www.koenigsgalerie.de, Mo.-Sa. 8-21.30, So. 11-21 Uhr. Die Einkaufsgalerie mitten im Herzen von Kassel verfügt über rund 60 Geschäfte, Gastronomiebetriebe und andere Dienstleister. Zudem punktet sie mit ihrer einzigartigen Architektur, unter anderem mit einer 22 Meter hohen gläsernen Dachkuppel.

88 [O1] **Kurfürsten-Galerie,** Mauerstraße 11, geöffnet: tägl. 9-21 Uhr. Die älteste Einkaufsgalerie in Kassel hat leider mit Leerständen zu kämpfen, dennoch gibt es auf den verschiedenen Etagen noch reichlich Möglichkeiten, zu shoppen.

Zentraler geht's nicht: In der Königsstraße finden sich viele Anlaufpunkte zum Shoppen

Bücher

89 [H2] **Brencher Buchhandlung,** Wilhelmshöher Allee 273, Tel. 35643, www.buchhandlung-wilhelmshoehe.de, geöffnet: Mo.–Fr. 9–19, Sa. 9–14 Uhr. Gut ausgestattete Buchhandlung, in der auch regelmäßig Lesungen veranstaltet werden. Neben Büchern gibt es hier auch viele nordhessische Souvenirs wie Poster, Beutel und Buttons mit regionalen Sprüchen zu kaufen.

90 [J1] **Buchhandlung am Bebelplatz,** Friedrich-Ebert-Straße 130, Tel. 14433, www.bebelplatz.de, geöffnet: Mo.–Fr. 9–19, Sa. 9–14.30 Uhr. Eine Institution im Vorderen Westen mit kompetenten Mitarbeitern und einem großen Sortiment. Regelmäßige Veranstaltungen wie Krimi-Abende, Autorenlesungen und Kinderaktionen.

91 [N2] **Hofbuchhandlung Vietor,** Ständeplatz 17, Tel. 13085, https://hofbuchhandlung-vietor.buchkatalog.de, geöffnet: Mo.–Fr. 10–18, Sa. 10–16 Uhr. Die Wurzeln der zentral gelegenen Buchhandlung reichen bis weit ins 19. Jahrhundert zurück.

Mein Tipp

Ein Besuch beim Stadtimker

Für Victor Hernández ist die Arbeit mit Bienen weit mehr als nur ein Hobby – sie ist seine Leidenschaft. Jeden Donnerstag und Samstag ist sein Geschäft Anlaufpunkt für Honigfreunde.

Seine **Bienenvölker** leben auf Dächern in der ganzen Stadt, darunter auf dem des Staatstheaters, der Kurfürsten-Galerie und des Schlosshotels Wilhelmshöhe. Die Produkte des Imkers, der 2010 damit begann, sich mit Bienen zu beschäftigen, wurden **schon häufiger prämiert:** 2014 wurde sein Honig als bester von ganz Hessen ausgezeichnet, wenig später erhielt er den **Naturschutzpreis der Stadt Kassel.** Hernández liegt **soziales Engagement** am Herzen: Der Imker informiert nicht nur bei Projekten für Kinder über seine Arbeit und die Wichtigkeit von Bienen, sondern hat auch Kooperationen mit sozialtherapeutischen Einrichtungen und der JVA ins Leben gerufen.

Wer durch den Laden des Imkers geht, findet alles, was mit Bienen zu tun hat: von Büchern über Kosmetik bis hin zu Wachs, Pollen, Senf, Likör und selbstverständlich zahlreichen Sorten Honig.

Auch in vielen anderen Läden in der Stadt sind die Produkte erhältlich. Eine Liste der Kooperationspartner und Wiederverkäufer ist auf der Website einzusehen. Darüber hinaus können Honigfreunde dort auch direkt online die Produkte bestellen.

92 [fg] **Kasseler Stadthonig,** Kurt-Wolters-Straße 25, Tel. 40701177, www.kassel-stadthonig.de, geöffnet: Do. 9–19, Sa. 10–13 Uhr

054ka-fe

Ein Leben für die Bienen: Stadtimker Victor Hernández

Souvenirs

Eine große Auswahl an Souvenirartikeln wird in den beiden Touristeninformationen (s. S. 116) in der Wilhelmsstraße und im Bahnhof Wilhelmshöhe angeboten. Zudem sind Kramer Schupp mit seinen ausgefallenen Produkten, Glücksgriff und Stadtliebe zu empfehlen.

93 [O2] **Glücksgriff,** Treppenstraße 10, Tel. 83099621, www.gluecksgriff-kassel.de, geöffnet: Mo.-Sa. 10.30-18.30 Uhr. Liebevoll eingerichteter Laden mit diversen Souvenirs, darunter u. a. Honig, Magnete und Spielkarten.

94 [N2] **Kramer Schupp,** Wolfsschlucht 8, Tel. 50331769, www.kramerschupp.de, geöffnet: Mo., Di., Do., Fr. 11-18, Sa. 11-16 Uhr. Mit Liebe zum Detail eingerichtet, werden hier allerhand kleine, witzige Produkte verkauft, darunter auch Souvenirs wie Taschen mit Sprüchen, Kaffeebecher mit Waschbären-Aufdruck sowie Spielkarten und Flaschenöffner.

95 [K2] **Stadtliebe,** Friedrich-Ebert-Straße 101, Tel. 84093339, www.die-stadtliebe.de, geöffnet: Mo.-Fr. 9-18 Uhr. Mit viel Liebe zum Detail: Shirts, Bierdeckel, Spirituosen, Gehäkeltes, Bilder. Hier stoßen Kunden auf eine große Auswahl an regionalen Produkten mit Kassel-Bezug.

Süßes

96 [H2] **Bon Pâtis,** Landgraf-Karl-Straße 3, Tel. 49940040, www.bonpatis.de, geöffnet: Mo.-Fr. 10-18, Sa. 10-14 Uhr. Angelehnt an eine französische Patisserie werden köstliche Kunstwerke wie Petit Fours, Torten, Tartes und Gebäck verkauft. Den Konditorinnen kann man dabei sogar bei der Zubereitung der Leckereien zuschauen.

97 [L2] **Pralinenwerkstatt,** Friedrich-Ebert-Straße 85, Tel. 2887311, www.pralinenwerkstatt.de, geöffnet: Mo.-Fr. 10-18.30, Sa. 10-16 Uhr. Handgemachte Macarons, Eclairs, Marmeladen, Törtchen und Pralinen: Bei dieser Auswahl sollte man die Kalorien lieber nicht zählen. Wenn man lernen will, die süßen Spezialitäten selbst herzustellen, kann man in der Pralinenwerkstatt auch einen Kurs belegen.

Antiquitäten und Kunst

98 [L2] **Antik Prior,** Friedrich-Ebert-Straße 85, Tel. 773588, geöffnet: Mo.-Fr. 10-13, 15-18, Sa. 10-13 Uhr. Lampen, Gemälde, Uhren, Möbel, Porzellan u. v. m.: Dieses Antiquitätengeschäft beherbergt so manches bislang verborgene Schätzchen und lädt zum gemütlichen Stöbern ein.

99 [M4] **Galerie Rasch,** Frankfurter Straße 72, Tel. 0176 61197425, www.galerie-rasch.de, geöffnet: Mo., Do. 17-19 Uhr. In der Kasseler Südstadt hat sich im Umfeld der Kuntshochschule eine lebendige Kunstszene entwickelt. Sichtbarer Ausdruck davon sind verschiedene Projekträume und Galerien

053ka-cl

„Berlin kann jeder" – keine Scheu vor dem Vergleich mit den ganz Großen auf den Souvenirtaschen bei Kramer Schupp

057ka-cl

in der Frankfurter Straße. Eine davon ist die Galerie Rasch. In verschiedenen Ausstellungen werden hier zeitgenössische Malerei, Zeichnungen und Videos präsentiert.

100 [G2] **Kunstgalerie Ramex,** Lange Straße 87a, Tel. 719539, www.ramex.de, geöffnet: Mi.–Fr. 10–18 Uhr, Sa. 10–13 Uhr. In der etwas versteckt gelegenen Galerie werden Arbeiten von nationalen und internationalen Künstlern mit dem Schwerpunkt Malerei, Grafik und Skulptur präsentiert. Darüber hinaus gibt es eine große Auswahl an Kasseler Stadtansichten.

Wein und Hochprozentiges

101 [K4] **Hospitals-Kellerei,** Heinrich-Heine-Straße 91A, Tel. 23898, www.hospitals-kellerei.de, geöffnet: Mo.–Fr. 9–18 Uhr, Sa. 9–13 Uhr. Mittlerweile in dritter Generation geführt, umfasst das Sortiment des Geschäfts nicht nur mehr als 800 Sorten Wein, sondern auch zahlreiche andere Alkoholika wie Whiskey, Gin und Tequila.

102 [J2] **Schluckspecht,** Wilhelmshöher Allee 118, Tel. 12628, www.schluckspecht.de, geöffnet: Mo.–Do. 10–19, Fr. 9–19, Sa. 9–18 Uhr. In einer alten Gründerzeitvilla werden Qualitätsweine aus der ganzen Welt angeboten. Regelmäßig gibt es auch Weinproben.

Märkte und Flohmärkte

103 [fk] **Antik- und Trödelmarkt in den Messehallen,** Damaschkestraße 55. An einem Wochenende im Monat findet in den Hallen 1 und 2 sowie am Freigelände der Messehallen ein großer Flohmarkt für Antik- und Trödelware statt.

› **Innenstadtflohmarkt,** Friedrichsplatz 2. Von April bis Oktober kann man in der Innenstadt an jedem ersten und dritten Samstag im Monat von 9 bis 16.30 Uhr bummeln, stöbern und auf Schatzsuche gehen.

104 [J3] **Wehlheider Wochenmarkt,** Wehlheider Platz 1, geöffnet: Fr. 8–13 Uhr. Auf dem gut besuchten Markt gibt es unter anderem Blumen, Gemüse, Honig, Fleisch und Brot zu kaufen.

Stets gut besucht: der Wehlheider Wochenmarkt

Bei Spaziergängen im Grünen kann man Entdeckungen machen

Kassel zum Durchatmen

Zahlreiche Parkanlagen in Kassel bieten beste Voraussetzungen, um abzuschalten und die Seele baumeln zu lassen. Allen voran ist hier der **Bergpark Wilhelmshöhe** (s. S. 61) zu nennen, dessen malerische Kulisse zum stundenlangen Erkunden einlädt. Auf einer Fläche von **2,4 Quadratkilometern** kann man hier in aller Ruhe spazieren, die historischen Bauten bestaunen, den wunderbaren Ausblick über die gesamte Stadt genießen oder sich eine Pause am Lac 26 genehmigen und dort die preisgekrönte Rosenanlage ansehen.

Möchte man dem Trubel in der Innenstadt entfliehen, erreicht man wenige Gehminuten entfernt den **Staatspark Karlsaue** (s. S. 42), der als grüne Lunge der Stadt gilt. Die barocke Anlage mit ihren Teichen, Seen und Gräben bietet auf 150 Hektar ideale Möglichkeiten zum Spazieren und Entdecken. Zwar ist die Karlsaue aufgrund ihres besonderen Flairs bei Kasselern und Touristen gleichermaßen beliebt, dennoch bringt es die Weitläufigkeit des Parks mit sich, dass man auch für sich allein sein kann. Man kann den Planetenwanderweg (s. S. 44) beschreiten, einen Blick auf die romantische Schwaneninsel werfen und die Blütenpracht auf der Blumeninsel Siebenbergen 16 begutachten.

Direkt an den Staatspark angrenzend erstreckt sich das große Naturschutzgebiet der Ende der 1970er-Jahre für die Bundesgartenschau angelegten **Fuldaaue** [fj] mit dem **Buga-See** (s. S. 122) – ein beliebtes Areal, um zu entspannen, zu grillen, den Sprung ins kühle Nass zu wagen oder seltene Vogelarten zu beobachten.

Erholsam ist auch ein Spaziergang entlang der **Fulda**, die durch das Stadtgebiet fließt. An der Promenade lässt es sich hervorragend schlendern und die Zeit vergessen. Bei einer Pause auf den Bänken am Wegesrand kann man den Blick in aller Ruhe über das Wasser schweifen lassen.

056ka-cl

Einen Besuch wert sind auch der **Park Schönfeld** mit dem **Botanischen Garten** 18 und – etwas weiter außerhalb der Innenstadt im Südwesten Kassels gelegen – das **Freizeit- und Erholungsgebiet Dönche,** das Heimat zahlreicher Tierarten ist und mit einer naturbelassenen Landschaft punktet. Mit 173 Hektar Fläche ist es eines der größten innerstädtischen Naturschutzgebiete Deutschlands.

Daneben gibt es noch viele weitere Gelegenheiten zum Träumen und Entspannen. Im **Vorderen Westen** 24 kann man hervorragend bummeln und die Jugendstil-Bauten bestaunen sowie in einem der zahlreichen Cafés und Bars in der Friedrich-Ebert-Straße bei einem Getränk dem Treiben zusehen. Darüber hinaus bietet der Stadtteil auch mehrere Parks wie die Goetheanlage, den Aschrottpark und den Stadthallengarten.

Nostalgische Fahrgeschäfte auf der Casseler Freyheit

Zur richtigen Zeit am richtigen Ort

Kassel hat auch außer der alle fünf Jahre stattfindenden documenta ein reiches Veranstaltungsprogramm zu bieten. Vor allem in den Sommermonaten finden viele Feste in freier Natur statt. Aktuelle Informationen zu Veranstaltungen erhält man in der Touristeninformation in der Innenstadt (s. S. 116) und auf der Website www.kassel.de.

Frühling

- **Frühlingsfest:** Jedes Jahr lockt das Fest der Schausteller zahlreiche Besucher auf die Schwanenwiese. Traditionell ist das Frühlingsfest in Kassel das erste große Volksfest des neuen Jahres. Knapp zwei Wochen lang sorgen dutzende Fahrgeschäfte, Imbisse und Vergnügungsstände im Frühjahr für Kirmesatmosphäre auf dem Gelände. Mehr Informationen unter www.schaustellerverband-kassel.de.

- **Casseler Frühlings-Freyheit:** Seit 2018 wird im April die Casseler Frühlings-Freyheit gefeiert. An vier Tagen herrscht in der Innenstadt mit einem nostalgischen Jahrmarkt, einem Mittelalterspektakel und weiteren Attraktionen ein buntes und abwechslungsreiches Treiben. Ein verkaufsoffener Sonntag lädt zudem zum Bummeln und Einkaufen ein. Das Pendant zur Frühlings-Freyheit stellt im Oktober die Herbst-Freyheit dar. Sie wird stets am letzten Oktoberwochenende zelebriert (www.casseler-freyheit.de).
- **Tag der Erde:** Traditionell wird der Tag der Erde jedes Jahr in einem anderen Stadtteil veranstaltet, und das in zeitlicher Nähe zum Internationalen Tag der Erde am 22. April. Das Kultur- und Umweltfest findet dabei stets an Orten statt, die im Alltag stark vom Autoverkehr beansprucht werden. An diesem einen Tag im Jahr wird eine sonst vielbefahrene Straße zum Begegnungsort für Fußgänger – mit zahlreichen Ständen und einem umfassenden Kultur- und Musikangebot (www.tag-der-erde.net).
- **Gartenfest:** Das Schloss und der Park Wilhelmsthal bieten die Kulisse für diese Messe für Garten und Lifestyle. Vier Tage lang präsentieren die Aussteller jeweils am Himmelfahrts-Wochenende seltene Pflanzen, Gartenmöbel und Dekorationen für drinnen und draußen. Mehr Informationen unter www.gartenfestivals.de.

Sommer

- **Kulturzelt:** 1987 ursprünglich als Ergänzung zur documenta ins Leben gerufen, hat sich diese Veranstaltungsreihe zu einem etablierten Musikfestival entwickelt. Über mehrere Wochen hinweg gibt es Konzerte aus unterschiedlichen musikalischen Genres zu hören. Seit 2010 ist das Sommerfestival in einer modernen, leuchtenden Konzertmuschel an der Drahtbrücke am Auedamm beheimatet. Element of Crime, Eric Burdon, Max Mutzke, AnnenMayKantereit – in den vergangenen Jahrzehnten haben sich schon viele bekannte Musiker die Klinke in die Hand gegeben (meist Juli/August, www.kulturzelt-kassel.de).
- **Brüder-Grimm-Festival:** Auf der Seebühne im Park Schönfeld werden jedes Jahr zwischen Ende Juni und Anfang September wechselnde Märchen der Brüder Grimm aufgeführt. Dabei wird jedes Stück umgetextet und neu interpretiert. Die Aufführungen sind meist schnell ausverkauft, sodass es sich lohnt, sich rechtzeitig um Karten zu kümmern (www.brueder-grimm-festival.de).
- **Zissel:** Eins der populärsten Volkfeste Nordhessens wird jedes Jahr am ersten Augustwochenende in Kassel gefeiert. Seine Wurzeln lassen sich bis ins 15. Jahrhundert zurückverfolgen, heute erinnert es an eine Mischung aus Karneval und Kirmes. Neben Livemusik, einem Drachenbootrennen und dem Feuerwerk zum Abschluss ist ein großer Wasserfestzug auf der Fulda der Höhepunkt der Feierlichkeiten. Im Stil einer echten Miss-Wahl wird zudem die Wahl der Zisselkönigin, der Zisselprinzessin und der Fullenixe zelebriert (www.zissel.de).
- **Kasseler Museumsnacht:** Nachts ins Museum? Das ist am ersten Samstag im September möglich. Bei der Kasseler Museumsnacht haben rund 40 kulturelle Einrichtungen von abends bis spät in die Nacht geöffnet. Dabei werden Führungen, Lesungen, Filme und Mitmachaktionen zu den aktuellen Ausstellungen angeboten. Achtung: In den Jahren, in denen in Kassel eine documenta stattfindet, pausiert die Museumsnacht (www.museumsnacht.de).
- **Connichi:** Elfen, Superhelden, Hexen, Zeichentrickfiguren: Ausgefallene Kostüme kann man im September bestaunen, wenn Kassel zum Mekka von Tausenden Manga-Fans wird. Die dreitägige

Connichi gilt als eine der beliebtesten und größten Anime Conventions in Deutschland. Seit 2003 treffen sich die Teilnehmer jedes Jahr im Kongress Palais. Dort kann man nicht nur die extravaganten Verkleidungen bestaunen, es gibt auch Vorträge, einen Flohmarkt, einen Markt für Zeichner und verschiedene Wettbewerbe wie das Nudelschlürfen (www.connichi.de).

Herbst

- **Kassel-Marathon:** Sportlich wird es Ende September/Anfang Oktober in der Stadt. Jedes Jahr messen sich Tausende Sporttreibende bei einem Marathon, der seit 2007 veranstaltet wird. In dieser Zeit hat sich die Teilnehmerzahl mehr als verdoppelt. Nicht jeder Teilnehmer muss dabei eine Distanz von 42,195 Kilometer absolvieren. Zum Programm gehören nämlich auch ein Mini-Marathon für Jugendliche, ein Staffel-Marathon und ein Halb-Marathon (www.kassel-marathon.de).
- **Jazzfest Kassel:** Bei dieser Veranstaltung, die bereits seit Jahrzehnten einen festen Platz im Veranstaltungskalender der Stadt hat, treten im Oktober oder November eine Woche lang internationale und heimische Jazzmusiker in verschiedenen Locations auf. Eröffnet wird das Fest mit der „Langen Jazznacht" im Gleis 1 im Kulturbahnhof, wo sich Künstler aus der regionalen Jazzszene in kurzen Sets vorstellen (www.jazzvereinkassel.de).
- **Casseler Herbst-Freyheit:** im Oktober (s. Casseler Frühlings-Freyheit, S. 99)
- **Kasseler Musiktage:** Freunde der klassischen Musik kommen jährlich von Ende Oktober bis Mitte November auf ihre Kosten. Bei den Kasseler Musiktagen sind an verschiedenen Orten zahlreiche Konzerte mit Fokus auf Kammermusik und Auftritte von Chören und Orchestern zu sehen beziehungsweise zu hören. Jede Auflage steht dabei unter einem besonderen Thema, das in Vorträgen, Ausstellungen und Symposien aufgegriffen wird (www.kasseler-musiktage.de).

Winter

- **Kasseler Dokumentarfilm- und Videofest:** Im Jahr 1982 als reines Dokumentarfilmfest konzipiert, hat sich diese sechstägige Veranstaltung im November im Laufe der Zeit weiterentwickelt. Mittlerweile ist das „Dokfest", wie es genannt wird, ein Film- und Medienfestival mit internationaler Ausrichtung und legt den Fokus auf die neuen Medien, widmet sich aber auch dem regionalen Filmgeschehen. An verschiedenen Orten werden in erster Linie aktuelle Dokumentarfilme, experimentell-künstlerische Werke und audiovisuelle Performances präsentiert. Die besten Arbeiten werden von einer Jury prämiert (www.kasselerdokfest.de).
- **Bundesvogelschau:** Exotisch und bunt. Jedes Jahr im November präsentieren Züchter in den Messehallen ihre Sittiche, Papageien, Kanarienvögel und weiteren Piepmätze. Mit knapp 1000 Züchtern, weit über 10.000 Vögeln und mehreren Tausend Besuchern handelt es sich hierbei um die größte Vogelschau Deutschlands (www.azvogelzucht.de).
- **Märchenweihnachtsmarkt:** In der Weihnachtszeit verwandelt sich die Innenstadt in eine zauberhafte Märchenwelt. Dabei steht jedes Jahr im Zeichen eines bekannten Märchens der Brüder Grimm. Neben Glühweinbuden, Imbissständen und Fahrgeschäften sorgen eine riesige Märchenpyramide, ein Märchen- und Zauberwald, viele bunte Lichter und verschiedene Konzerte für eine besinnliche Stimmung (www.weihnachtsmarkt-kassel.de).

088ka-cl

Kassel – ein Porträt

Nach massiven Zerstörungen im Zweiten Weltkrieg wurde Kassel im Zeichen der Moderne wiederaufgebaut. Binnen weniger Jahre wurde aus dem ehemaligen Trümmerfeld eine Vorzeigestadt der Nachkriegszeit. Kaum eine andere deutsche Stadt ist städtebaulich und architektonisch so von den 1950er-Jahren geprägt. Nichtsdestotrotz tut man der früheren Residenzstadt Unrecht, würde man ihr Aussehen bloß darauf beschränken. Die zahlreichen Grünanlagen, die Bauten aus der Gründerzeit und die Fulda, die entlang ihrer Ufer zu entspannten Spaziergängen einlädt, unterstreichen den Facettenreichtum Kassels.

Kassel ist nach Frankfurt am Main und Wiesbaden die **drittgrößte Stadt Hessens.** In den vergangenen Jahren ist die Einwohnerzahl deutlich gestiegen und nicht zuletzt die **mehr als 20.000 Studenten** sorgen dafür, dass Kassel als recht junge und moderne Stadt bezeichnet werden kann. Insbesondere im Vorderen Westen, im Zentrum und in der Nordstadt sind nicht nur zahlreiche Kneipen und Bars zu finden, sondern auch lebendige, bunte und kreative Zentren, in denen das Leben pulsiert.

Dass Kassel einmal eine derart positive Entwicklung durchlaufen würde, war vor einigen Jahrzehnten noch nicht absehbar. Während des Zweiten Weltkriegs zerstörten Flieger der Alliierten fast die komplette mittelalterliche Altstadt. Wer das Zentrum der nordhessischen Metropole betrachtet, wird kaum glauben können, dass Kassel früher als eine der schönsten Fachwerkstädte Deutschlands galt. Heute dominieren **funktionale Betonbauten aus den 1950er-Jahren** wie das AOK-Gebäude oder das Gloria-Kino. Breite Straßen, Fußgängerunterführungen, schnörkellose Fassaden, genügend Raum für Autoverkehr und Parkplätze sollten sichtbarer Ausdruck einer funktionalen Metropole sein. Allerdings finden sich auch noch Straßenzüge, die von charmanten **Gründerzeit- oder Jugendstilgebäuden** geprägt sind, unter anderem im Vorderen Westen, in Wehlheiden, in der Villenkolonie Mu-

◁ Vorseite: Symbol der Barmherzigkeit – die Skulptur „Caritas Romana" in der Karlsaue (s. S. 42)

lang in Bad Wilhelmshöhe oder in der Südstadt.

Die Architektur als Zeichen des Aufbruchs wurde Sinnbild der wiederaufgebauten Stadt, die nicht nur mit einer der ersten Fußgängerzonen Deutschlands, der Treppenstraße, im Jahr 1953 für bundesweite Beachtung sorgte. Aufgrund der modernen Nachkriegsbauten diente Kassel als **Kulisse für zahlreiche Kinofilme.** Berühmte Schauspieler wie Heinz Rühmann, Hildegard Knef und Heinz Erhardt standen hier vor der Kamera, besuchten das legendäre Hotel Reiss für Premierenfeiern und festigten Kassels Ruf als Mini-Hollywood.

Auch die **Bundesgartenschau** im Jahr 1955 wirkte sich nachhaltig auf die Stadtentwicklung aus, immerhin bestand ein wesentliches Ziel der Ausstellung darin, die im Zweiten Weltkrieg stark zerstörte **Karlsaue** wiederherzustellen. Außerdem gibt es eine **Vielzahl an Parks und Gärten,** die sich über das komplette Stadtgebiet erstrecken und Kassel zu einer der grünsten Großstädte der Bundesrepublik machen. Egal, wo man sich aufhält: Wirklich weit hat man es nie zu den nächstgelegenen Grünanlagen.

Kassel in Zahlen

- **Gegründet:** erste urkundliche Erwähnung 913
- **Einwohner:** ca. 203.000
- **Fläche:** 106,79 km²
- **Höhe ü. M.:** 167 m
- **Kfz-Kennzeichen:** KS
- **Stadtwappen:** Das Wappen zeigt einen blauen Schild, der von links oben nach rechts unten von einem silbernen Schrägbalken durchzogen wird. In einem Feld über dem Balken sind sechs, in dem Bereich unter dem Balken sieben dreiblättrige Kleeblätter abgebildet.

Durchzogen wird Kassel von der **Fulda,** mit einer Länge von mehr als 200 Kilometern ist sie Hessens längster Fluss. Am Ende des 13. Jahrhunderts gründete Landgraf Heinrich I. auf der Ostseite der Fulda die Neustadt, die dann durch eine Brücke über den Fluss mit der Altstadt verbunden wurde und seit Ende des

Vom Herkules 34 genießt man eine wunderbare Aussicht über die Stadt

059ka ©pure-life-pictures, stock.adobe.com

KURZ & KNAPP

Kasseler, Kasselaner oder Kasseläner?

Es gibt mehrere Begriffe, mit denen die Bewohner Kassels bezeichnet werden. Zum einen gibt es die **Kasseler.** Zu dieser Gruppe gehören alle nach Kassel zugezogenen Personen. Als **Kasselaner** werden diejenigen benannt, die in der Stadt geboren wurden und als **Kasseläner** kann man sich fühlen, wenn man in der Stadt geboren wurde und beide Elternteile aus Kassel stammen. Mit irgendwelchen Privilegien sind diese Bezeichnungen natürlich nicht verbunden. Wichtig: Während man den Status Kasseler verliert, wenn man aus der Stadt wegzieht, behält man die Bezeichnungen Kasselaner und Kasseläner auf Lebenszeit – unabhängig vom Wohnort.

17. Jahrhunderts den Namen **Unterneustadt** trägt.

Insgesamt setzt sich Kassel aus **23 Stadtteilen** unterschiedlicher Größe zusammen, wobei der Kurbezirk Bad Wilhelmshöhe mit etwas mehr als 15 Quadratkilometern die größte Ausdehnung besitzt. Neben den historisch gewachsenen Stadtteilen sind ab dem Ende des 19. Jahrhunderts noch verschiedene ehemals selbstständige Orte wie Wehlheiden (1899), Bettenhausen (1906) oder der Fasanenhof (1926) eingemeindet worden. In der Nazizeit erfolgte anschließend der erzwungene Anschluss weiterer Gebiete, die heute noch zu Kassel gehören.

Trotz alledem haben die einzelnen Stadtteile **ihren eigenen Charakter bewahrt.** Von städtisch-pulsierend bis dörflich-ruhig, von industriell bis von der Natur geprägt – das Erscheinungsbild und die Besonderheiten der einzelnen Areale variieren, was auch den Charme der ehemaligen Residenzstadt ausmacht.

Die **Industrie** hat in Kassel eine lange Tradition, nicht zuletzt dank der Firma Henschel. Unter anderem die zentrale Lage und die günstigen Verkehrsanbindungen bringen es mit sich, dass die Region weiterhin als Industriestandort sehr gefragt ist, vor allem in den Bereichen Fahrzeug-, Verkehrs- und Energietechnik. Zahlreiche renommierte Unternehmen wie VW, dessen Werk in Baunatal mit mehr als 16.000 Mitarbeitern nach dem Stammsitz in Wolfsburg die zweitgrößte Produktionsstätte des Konzerns darstellt, Daimler, der Zughersteller Alstom (früher Bombardier) oder Rheinmetall sind in der Region angesiedelt. Rund 500 Firmen mit mehr als 10.000 Beschäftigten sind im **Industriepark Kassel** am Autobahndreieck mit einer Gesamtfläche von circa 550 Hektar beheimatet.

Auch die **Universität** mit ihren zehn Fachbereichen, einer Kunsthochschule und verschiedenen wissenschaftlichen Zentren ist ein bedeutender Wirtschaftsfaktor in der Stadt, ein weiterer ist der boomende **Tourismus.** Nicht zuletzt von der Anerkennung des Bergparks als UNESCO-Weltkulturerbe 2013 hat Kassel erheblich profitiert. So verzeichnet die Stadt seit Jahren **wachsende Besucherzahlen.** 2019 stieg die Zahl der Hotelübernachtungen in Kassel auf mehr als eine Million. Es war das erste Mal, dass diese Zahl in einem Jahr geknackt wurde, in dem keine documenta stattfand.

[>] So sah der Königsplatz um 1900 aus

Von den Anfängen bis zur Gegenwart

Die Geschichte Kassels umfasst mehr als 1000 Jahre und ist sehr wechselhaft. Aus einer **kleinen Befestigungsanlage** entwickelte sich im elften und zwölften Jahrhundert eine Stadt, deren Umfang und wirtschaftliche Bedeutung kontinuierlich zunahmen. So wurde Kassel 1277 zur **Hauptstadt der Landgrafschaft Hessen** ernannt. Während der Reformation zählte Hessen unter Landgraf Philipp zu den bedeutenden **Vorkämpfern des Protestantismus** in Deutschland. Nach dem Tod des Herrschers, der Kassel zu einer starken Festung ausgebaut hatte, gehörte die Stadt nun zur Landgrafschaft Hessen-Kassel. Das ursprüngliche Hessen wurde in dem sogenannten Vierbrüdervergleich in vier Teile geteilt.

Landgraf Karl gab zahlreiche Gebäude und Areale in Auftrag, die noch heute das Stadtbild enorm prägen – unter anderem den Herkules und das barocke Orangerieschloss mitsamt der Karlsaue. Im Laufe des 18. Jahrhunderts wurden noch weitere prägende Bauten wie das Schloss Wilhelmshöhe fertiggestellt, bevor **das Zeitalter Napoleons eine Zäsur** in der Stadtgeschichte darstellte. Durch die Besetzung durch die Truppen des französischen Kaisers gehörte Kassel kurzzeitig zum von Frankreich regierten Königreich Westphalen. Nach der Befreiung durch die Russen war die Stadt aber bereits 1813 wieder Hauptstadt des wiederhergestellten Kurfürstentums Hessen.

Vor allem in der zweiten Hälfte des 19. Jahrhunderts erlebte Kassel im Zuge der Industrialisierung einen bedeutenden Aufschwung. **Großunternehmen brachten Reichtum** in die Stadt, die im Jahr 1899 erstmals mehr als 100.000 Einwohner zählte und sich damit zur Großstadt entwickelt hatte. Die beiden Weltkriege beeinflussten die Geschichte jedoch nachhaltig. Unvergessen bleibt dabei

060ka

KURZ & KNAPP

Von Cassel nach Kassel

Dass Kassel mit „K“ und nicht mit „C“ geschrieben wird, geht auf einen Beschluss des preußischen Staatsministeriums aus dem Jahre 1926 zurück. Zuvor hatte es im Laufe der Jahrhunderte verschiedene Bezeichnungen und Schreibweisen gegeben. Nachdem in der ersten urkundlichen Erwähnung Kassels noch vom Königshof „Chassalla“ die Rede war, existierten später unter anderem Abwandlungen in „Cassella“ und „Casle“. Zwischen dem 17. und dem Beginn des 19. Jahrhunderts war eher die Schreibweise „Cassel“ geläufig, ehe sich danach die Version mit „K“ durchsetzte. Die offizielle Umbenennung im Jahr 1926 erfolgte jedoch erst nach einigen gescheiterten Versuchen zur Änderung des amtlichen Namens.

vor allem der 22. Oktober 1943, als bei einem Luftangriff der Briten rund 10.000 Menschen ihr Leben verloren. Die komplette Altstadt wurde in Schutt und Asche gelegt, weit mehr als die Hälfte der Wohnungen und der Industrieanlagen waren nach dem Zweiten Weltkrieg zerstört.

Weltweite Bekanntheit in der Kunstwelt erlangte die Stadt 1955, als erstmals die **documenta** in Kassel veranstaltet wurde (s. S. 18). Dass 2022 bereits die 15. Auflage der im Fünfjahresrhythmus stattfindenden Kunstausstellung begangen wurde, zeigt, dass sich die documenta zu *dem* Aushängeschild für die Stadt entwickelt hat.

913: Der Königshof Kassel wird in zwei Urkunden des deutschen Königs Konrad I. erstmals erwähnt. Es handelt sich um die ältesten schriftlichen Quellen zur Stadt Kassel, die noch bis heute erhalten sind.

1189: Eine Urkunde aus diesem Jahr zeigt, dass Kassel die Stadtrechte besitzt. Wann die Rechte verliehen wurden, ist nicht überliefert.

1277: Nach der Loslösung Hessens von Thüringen macht Landgraf Heinrich I. Kassel zu seiner Residenz. Umfang und wirtschaftliche Bedeutung der Stadt wachsen. Über dem Fulda-Ufer errichtet Heinrich I. eine neue Burg, zudem gründet er am Ostufer die Neustadt.

1330: Landgraf Heinrich II. erweitert die Stadt mit der Gründung einer weiteren Neustadt, die den Namen „Freiheit“ trägt.

1462: Nach mehr als 100 Jahren Bauzeit kann die Martinskirche eingeweiht werden. Sie entwickelt sich später zum religiösen Zentrum Hessens.

1523: Landgraf Philipp beginnt damit, Kassel zu einer Festung auszubauen, sie wird zu einer der stärksten in Mitteleuropa. Philipp zählt zu den großen Förderern des Protestantismus in Deutschland.

1567–1592: Nachdem aus der Hälfte des hessischen Territoriums die Landgrafschaft Hessen-Kassel entstanden ist, lässt Landgraf Wilhelm IV. zahlreiche Großbauten realisieren – unter anderem den Marstall.

1603–1606: In Kassel wird mit dem Ottoneum das erste feststehende Theatergebäude Deutschlands errichtet. Benannt wird es nach Otto, dem Lieblingssohn von Landgraf Moritz.

1633: Während des Dreißigjährigen Kriegs wird die Universität Kassel feierlich eröffnet. 20 Jahre später wird die Universität nach Marburg verlegt.

1685: Als erster deutscher Landesfürst lädt Landgraf Karl die in Frankreich verfolgten Hugenotten in sein Gebiet ein und sichert ihnen Glaubensfreiheit zu. Außerhalb der Stadtmauern entsteht für sie in den kommenden Jahren ein neuer Stadtteil – die Oberneustadt.

1714: Im Bergpark Wilhelmshöhe finden erstmals die Wasserspiele statt.

1717: Die Herkulesstatue wird auf die Pyramide des Oktogons gesetzt.

1756–1763: Während des Siebenjährigen Kriegs kämpft Hessen-Kassel auf Seiten der Briten und Preußen. Die Stadt wird in der Zeit mehrfach belagert. Am Ende kapitulieren die Franzosen.

1779: Das Museum Fridericianum wird als eines der ersten öffentlichen Museen Europas fertiggestellt.

1786–1798: Im Bergpark Wilhelmshöhe wird zu Füßen des Herkules das Schloss Wilhelmshöhe errichtet.

1806: Napoleons Truppen besetzen Kassel. Die Stadt wird im darauffolgenden Jahr Hauptstadt des von Frankreich regierten Königreichs Westphalen.

1813: Während der Befreiungskriege vertreiben russische Soldaten die Franzosen aus der Stadt. Kassel wird Hauptstadt des wiederhergestellten Kurfürstentums Hessen.

1831: Im Kurfürstentum tritt eine neue Verfassung in Kraft, die sehr liberale Grundzüge trägt und von vielen Beobachtern als besonders fortschrittlich in Deutschland erachtet wird.

1866: Das Kurfürstentum Hessen und damit auch Kassel werden an Preußen angegliedert. Beginn der Industrialisierung in der Stadt.

1870: Nach der Kapitulation Frankreichs im Deutsch-Französischen Krieg wird Kaiser Napoleon III. im Schloss Wilhelmshöhe inhaftiert. Im darauffolgenden Jahr erfolgt die Gründung des Deutschen Reichs.

1891: Kurz nach Amtsantritt wählt Kaiser Wilhelm II. Schloss Wilhelmshöhe als Sommerresidenz aus. Bis 1918 verbringt er mehrere Wochen pro Jahr in Kassel.

1899: Kassel hat nun mehr als 100.000 Einwohner.

1909: Das neue Rathaus in der Oberen Königsstraße wird eingeweiht. Wenige Wochen später trägt sich Wilhelm II. dort in das Goldene Buch der Stadt ein.

1913: Die Stadt zelebriert eine Tausendjahrfeier, die drei Tage lang andauert. Die Vorbereitungen dafür ziehen sich mehrere Monate hin.

1924: Eröffnung des Flugplatzes Kassel-Waldau, zwei Jahre später wird Kassel in das Flugnetz der Deutschen Lufthansa aufgenommen.

1933: Machtergreifung der Nazis, Verbot der sozialdemokratischen Zeitung „Kasseler Volksblatt“, Boykottmaßnahmen gegen Läden mit jüdischen Inhabern

1936: Die Einwohnerzahl Kassels beträgt nach der Eingemeindung einiger Dörfer mehr als 200.000.

November 1938: Vor den Augen der Öffentlichkeit wird die Große Synagoge von den Nationalsozialisten gestürmt. Zahlreiche jüdische Einrichtungen werden verwüstet.

22. Oktober 1943: Bei einem Angriff der britischen Luftwaffe kommen 10.000 Menschen ums Leben. Die Altstadt wird komplett zerstört, auch Industriebetriebe und Verkehrsanlagen werden massiv beschädigt.

April 1945: US-Truppen erobern das gesamte Stadtgebiet, wenige Wochen später kapituliert Nazi-Deutschland.

062ka

> *Die Brüder Grimm haben mehrere Jahre in Kassel gelebt und gearbeitet*

1948–1949: Kassel bewirbt sich darum, provisorische Bundeshauptstadt zu werden – ohne Erfolg.

1955: Auf Initiative des Kunstprofessors Arnold Bode findet erstmals die documenta statt. Zunächst nur als Ergänzung zur Bundesgartenschau gedacht, lockt die Ausstellung mehr als 130.000 Besucher an.

1970: In Calden wird ein neuer Flughafen eröffnet. Innerdeutsche Ziele wie Köln und Düsseldorf werden angeflogen.

1971: Im Oktober 1971 wird die heutige Universität als Gesamthochschule Kassel eröffnet.

1981: Zum zweiten Mal nach 1955 wird in Kassel eine Bundesgartenschau veranstaltet, im Vorfeld wird dafür das Naherholungsgebiet Fuldaaue angelegt.

1991: Der Neubau des Fernverkehrsbahnhofs Kassel-Wilhelmshöhe wird eingeweiht. Die Stadt hat somit einen ICE-Anschluss.

2005: Kassel scheitert mit seiner Bewerbung um den Titel „Kulturhauptstadt 2010".

2013: Der Ausbau des Flugplatzes Kassel-Calden zum Regionalflughafen ist fertig. Nach 15 Jahren Planungs- und Bauzeit wird er eingeweiht.

2013: Der Bergpark Wilhelmshöhe wird als UNESCO-Weltkulturerbe anerkannt.

2017: Die documenta 14, die in diesem Jahr in Kassel und in Athen stattfindet, verzeichnet einen Besucherrekord. Rund 1,2 Millionen Besucher werden in beiden Städten gezählt, davon 890.000 in Kassel.

2019: Der Kasseler Regierungspräsident Walter Lübcke wird Anfang Juni vor seinem Wohnhaus von einem Rechtsextremisten getötet. Im Januar 2021 wird der Täter zu einer lebenslangen Freiheitsstrafe verurteilt.

Der US-Nachrichtensender CNN kürt den Bergpark Wilhelmshöhe zu einem der attraktivsten touristischen Ziele in Deutschland.

2020: Die Erneuerung der Unteren und der Oberen Königsstraße sowie des Friedrichsplatzes werden erfolgreich abgeschlossen. Es handelt sich um das wichtigste städtebauliche Projekt der vergangenen Jahre in Kassel.

Wegen der Coronapandemie fallen die Wasserspiele im Bergpark aus – der erste Komplettausfall seit dem Zweiten Weltkrieg.

2022: Ein Antisemitismus-Skandal erschüttert die documenta 15. Mit knapp 738.000 Gästen erlebt die Kunstausstellung einen Besucherrückgang im Vergleich zur vorherigen Ausgabe.

⌃ Die Fulda spielt in der Geschichte Kassels eine wichtige Rolle

Leben in der Stadt

Verschlossen, zurückhaltend und meistens eher schlecht gelaunt: Über die nordhessische Mentalität existieren zahlreiche Vorurteile, die meisten davon sind wenig schmeichelhaft für die Region. Wer nun aber denkt, man würde in Kassel nur auf Menschen mit herunterhängenden Mundwinkeln treffen, die vor sich her grummeln, der irrt. Klar, den rheinischen Frohsinn wird man bei vielen Einwohnern vergeblich suchen. Auch ist es bekannt, dass die Nordhessen gerne in geselliger Runde „mähren", also meckern und schimpfen. Genauso ist es jedoch Teil der lokalen Identität, dass die Menschen **bodenständig und stolz** auf die Errungenschaften in Kassel sind.

In den vergangenen Jahren hat sich die Identifikation der Bewohner mit ihrer Stadt deutlich erhöht. Sie haben auch allen Grund dazu, stolz zu sein. Nach den massiven Zerstörungen im Zweiten Weltkrieg haben die Einwohner die Stadt mit viel Fleiß und Durchhaltevermögen wiederaufgebaut. Auch in wirtschaftlicher Hinsicht hat sie sich **vom Sorgenkind zum Hoffnungsträger** gemausert und zählt mittlerweile zu den dynamischsten Großstädten Deutschlands.

Der Anteil von Menschen mit **ausländischer Staatsbürgerschaft** in Kassel beträgt knapp 20%, im bundesweiten Durchschnitt ein eher hoher Wert. Den größten Anteil stellen Türken, obwohl deren Zahl immer weiter sinkt, weil viele von ihnen die deutsche Staatsbürgerschaft annehmen. Danach bilden Polen und Syrer die größten Gruppen. Vergleicht man die Stadtteile miteinander, fällt auf, dass der Ausländeranteil stark variiert. Besitzt in Nord-Holland fast jeder zweite Einwohner eine ausländische Staatsangehörigkeit (rund 48%), liegen Jungerfernkopf und Brasselsberg mit jeweils rund 6% am anderen Ende der Skala. Weitere Stadtteile mit eher hohem Ausländeranteil sind Rothenditmold und Wesertor.

Die **Arbeitslosenquote** konnte zwischen 2005 und 2019 von knapp 20 auf rund 7 Prozent reduziert werden. Im Zuge der Coronapandemie stieg die Zahl wieder leicht an, doch die generell positive Entwicklung bleibt ungebrochen. Ein deutliches Zeichen für das **wirtschaftliche Wachstum** Kassels, allerdings nimmt man im Vergleich mit anderen Regionen in Hessen weiterhin nur einen hinteren Platz ein. Die Mehrzahl der Beschäftigten, davon viele Pendler, arbeitet im Dienstleistungssektor. Begünstigt wurde der positive Trend auch durch die **Universität**, die einen wichtigen Wirtschaftsfaktor und Jobmotor für die gesamte Region darstellt. Die steigenden Studentenzahlen sorgen auch dafür, dass Kassels Bevölkerung etwas jünger geworden ist. Mit einem **Durchschnittsalter** von 42,7 Jahren ist die Stadt im hessischen Vergleich relativ jung.

087ka-cl

⊡ *Die documenta prägt die ganze Stadt – wie hier mit bunten Wandbildern anlässlich der documenta 15*

Idylle pur: Blick auf das Fulda-Ufer

Seit der Reformation ist Kassel **traditionell protestantisch.** Noch immer gehört ein großer Teil der Bevölkerung dem evangelischen Glauben an, rund 30.000 Katholiken leben in der Stadt. Seit Jahrhunderten ist Kassel zudem der Sitz einer der größten jüdischen Gemeinden in Deutschland. Nicht zuletzt durch die starke Zuwanderung ist die Zahl der Menschen, die **anderen Religionen** angehören – allen voran dem Islam – in den vergangenen Jahrzehnten gestiegen. Darüber hinaus hat aber auch der Anteil der Konfessionslosen zugenommen.

Obwohl die Metropole Nordhessens in der Vergangenheit in vielen Bereichen eine beeindruckende

Die Kasseler Mundart

Wissen Sie, was es bedeutet, wenn die Menschen in Kassel etwa von einem „Hahnebambel", „babbelen" oder einem „Dullerjahn" sprechen? Es kann durchaus passieren, dass man in der Stadt noch auf Menschen trifft, die die Kasseler Mundart, das Kasselänische, sprechen – auch wenn dies mittlerweile die Ausnahme ist. Der Dialekt besitzt einige besondere Eigenschaften, die vor allem der speziellen regionalen Lage Kassels zu verdanken sind. Nur wenige Kilometer weiter nördlich verläuft die sogenannte „Benrather Linie", die als Grenze zwischen dem niederdeutschen und dem hochdeutschen Sprachgebiet zu verstehen ist. Kassel ist von verschiedenen Dialekten umgeben – östlich der Stadt wird Thüringisch und Obersächsisch gesprochen, im Westen gibt es dagegen die westmitteldeutschen Mundarten, zu denen unter anderem das Mittelfränkische zählt. Südlich von Kassel beginnt außerdem der Sprachraum des Osthessischen und Oberhessischen.

Das Kasselänische wird dagegen zum Niederhessischen gezählt. Aufgrund der Vielzahl an sprachlichen Einflüssen ist es im Wesentlichen als Mischdialekt zu begreifen, der einige Elemente der angrenzenden Mundarten integriert hat. Auch ist der Kasseler Dialekt kein starres Gebilde, sondern hat sich vielmehr dank vieler sozialer, regionaler und ethnischer Gruppen entwickelt.

Einen Überblick über bekannte und ausgestorbene Begriffe sowie über Redensarten und grammatikalische Eigenheiten bietet das „Wörterbuch der Kasseler Mundart" von August Grassow, das 1952, und damit mehr als 50 Jahre nach dem Tod des Autors, durch den Schriftsteller Paul Heidelbach erstmals veröffentlicht wurde. Bei dem Werk, das auch eine Vielzahl an Anekdoten enthält, handelt sich um eines der aufwendigsten Dialektwörterbücher in Deutschland. Mehr als 3000 Ausdrücke sind in dem Lexikon verzeichnet.

Entwicklung genommen hat, gibt es noch einige, in denen Nachholbedarf besteht. Eine Herausforderung für die kommenden Jahre wird es zum Beispiel sein, **den Radwegeausbau zu forcieren.** Zwar kann Kassel bereits einige Fortschritte verzeichnen, dennoch kann die Stadt nicht wirklich als eine traditionelle Radfahrerstadt bezeichnet werden. Gleichzeitig muss im Zuge der Mobilitätswende auch das ÖPNV-Angebot ausgebaut und attraktiver gemacht werden, damit künftig mehr Menschen auf Bahn und Bus umsteigen. Angesichts des demografischen Wandels gilt es darüber hinaus, mit den Kultureinrichtungen in Zukunft eine jüngere Zielgruppe anzusprechen, um auch weiterhin genügend Besucher in den Museen begrüßen zu können.

065ka-cl

Vor allem im Vorderen Westen **24** *stehen noch Jugendstil-Bauten*

Die Hauptstadt der Waschbären

Wenn man sich in Kassel auf die Suche nach Souvenirs begibt, kommt man unweigerlich mit Waschbären in Berührung. Sei es auf Tassen, Shirts oder Taschen: Überall sind die possierlichen Säugetiere abgedruckt, für die Kleinen gibt es sie auch als Plüschtiere.

Dass Waschbären als **heimliche Maskottchen** der Stadt gelten, kommt nicht von ungefähr. Vielmehr liegt das daran, dass Kassel den Ruf als Waschbärenhauptstadt Europas innehat. Es gibt zwar keine genauen Angaben über die Zahl der hier lebenden Tiere, dennoch ist klar, dass sich die Allesfresser in den vergangenen Jahrzehnten im gesamten Stadtgebiet ausgebreitet haben. Wissenschaftliche Untersuchungen gehen von rund **10.000 Waschbären in Kassel** aus. Die Tiere, die hier keine natürlichen Feinde haben, finden in der Stadt ideale Lebensbedingungen vor. Im Hausmüll finden sie leicht Nahrung, Gartenlauben oder Dächer bieten optimale Schlaf- und Wurfplätze – alles Faktoren, die ihre starke Ausbreitung begünstigen.

In ganz Deutschland beträgt die Zahl der ursprünglich aus Nordamerika stammenden Raubtiere nach Schätzungen mehr als eine Million. Wenn man den historischen Ursachen ihrer zunehmenden Verbreitung auf den Grund gehen möchte, führt der Weg in die Nähe von Kassel. Im **April 1934** wurden am Edersee bei Bringhausen **zwei Waschbären-Pärchen** ausgesetzt, obwohl Experten vor einer drohenden Invasion gewarnt hatten. Es war der Beginn einer fast vollständigen Besiedlung Deutschlands durch die Pelztiere. Mittlerwei-

066ka-cl

le sind sie vielerorts zu einer **echten Plage** geworden. Besonders für Hauseigentümer stellen Waschbären ein großes Ärgernis dar. So süß die Kleinbären mit ihrer auffälligen schwarzweißen Gesichtsmaske auch aussehen mögen: Sie verwüsten nicht nur Blumenbeete oder räumen Mülltonnen leer, sondern beschädigen auch Dächer, wodurch hohe finanzielle Schäden entstehen können. Es kann sogar vorkommen, dass die Waschbären, die sich gerne auf Dachböden einnisten, ganze Dämmungen zerstören. Darüber hinaus übertragen sie auch gefährliche Infektionskrankheiten und Parasiten. Da die Waschbären beispielsweise auch die Nester von Vögeln plündern und seltene Amphibien töten, haben sie einen großen Einfluss auf den Bestand teilweise sehr gefährdeter Arten.

Die Frage nach dem richtigen Umgang mit den Waschbären führt regelmäßig zu heftigen Diskussionen. Bislang sorgt in Hessen eine **Schonzeit vom 1. März bis zum 31. Juli** dafür, dass die Tiere in diesem Zeitraum nicht geschossen werden dürfen. Mittlerweile allerdings mit einer Einschränkung: 2020 hat der Hessische Staatsgerichtshof entschieden, dass Jungtiere von nun an ganzjährig bejagt werden dürfen – sehr zum Unmut von Tierschützern. Ob eine Eindämmung des Raubtiers mithilfe einer intensiven Bejagung möglich ist, ist generell sehr umstritten. Kritiker argumentieren, dass sich der Bestand dadurch nicht reduzieren lasse, da die Waschbären die Verluste rasch durch eine **größere Nachwuchsrate** wieder ausgleichen würden.

Zwischen Frühjahr und Herbst ist es in Kassel nicht ungewöhnlich, in der Dämmerung einem Waschbären zu begegnen. Vor allem die waldnahen Stadtteile wie Bad Wilhelmshöhe, Harleshausen und Kirchditmold sind von den Wildtieren dicht besiedelt.

⌃ *Tassen und Kissen mit Waschbär-Motiven sind beliebte Souvenirs*

PRAKTISCHE REISETIPPS

068ka-cl

An- und Rückreise

Mit dem Flugzeug

Der Flughafen **Kassel-Airport** liegt rund 15 km nordwestlich der Innenstadt bei der Gemeinde Calden. Mit der Buslinie 100 kommt man in einer halben Stunde in die Stadt. Allerdings gibt es keine innerdeutschen Flugverbindungen außer nach Sylt und Usedom, stattdessen werden in erster Linie Ziele in Urlaubsregionen wie Spanien, Ägypten und Griechenland angeflogen.

Unter Umständen lohnt sich die Anreise über die Flughäfen in **Frankfurt, Hannover** oder **Paderborn-Lippstadt.** Die Weiterreise von dort ist kein Problem. Mit der Bahn erreicht man Kassel in weniger als zwei Stunden, vom Flughafen Hannover bis nach Kassel-Wilhelmshöhe ist man sogar nur eine Stunde unterwegs.

› www.kassel-airport.aero
› www.frankfurt-airport.com
› www.hannover-airport.de
› www.airport-pad.com

Mit dem Zug

Der zentral in der Innenstadt gelegene **Hauptbahnhof** [N1] wurde 1995 saniert und zum Kulturbahnhof umfunktioniert. Er wird nur noch von Regionalzügen und Straßenbahnen angefahren. Die von der Deutschen Bahn nicht mehr benötigten Räumlichkeiten dienen unter anderem als Kino oder Veranstaltungsräume und bieten dem Museum für Komische Kunst (Caricatura 5) Raum.

◁ Vorseite: Die Wilhelmshöher Allee verbindet die Innenstadt mit dem Bergpark

Mit dem rund 4 km westlich gelegenen **Bahnhof Kassel-Wilhelmshöhe** [H2] verfügt die Stadt über einen ICE-Anschluss und ist daher gut zu erreichen. Es gibt nicht nur Direktverbindungen zu wichtigen deutschen Metropolen wie München, Hamburg und Berlin, sondern auch gute Anschlüsse nach Basel, Zürich und Wien. Über die besten Verbindungen und Fahrpreise informieren die Websites der Bahngesellschaften.

› www.bahn.de
› www.sbb.ch
› www.oebb.at

Vom Bahnhof Kassel-Wilhelmshöhe fahren mehrere **Bus- und Straßenbahnlinien** in die Innenstadt, so die Bahnlinien 1, 3 und 4 sowie die Regio-Tram-Linie 5. Die meisten Linien verkehren in der Zeit zwischen 5 und 23 Uhr. Die Haltestellen befinden sich direkt vor dem Bahnhof – quasi vor dem Eingang. Hier befinden sich auch Ticketautomaten. Eine reguläre Fahrt schlägt mit 3 € zu Buche. Möglicherweise reicht auch ein Kurzstreckenticket für 1,90 €, mit dem man bis zu vier Haltestellen weit fahren kann, u. a. bis zur Murhardtstraße in die Nähe des Rathauses.

Die **KasselCard** (s. S. 118) ist in der Buchhandlung Schmitt & Hahn direkt im Bahnhof erhältlich. So kann man sie schon für die erste Anreise nutzen.

Mit dem Bus

Für Reisende, die mehr Zeit aufbringen können, kommt möglicherweise auch eine Anreise per Bus in Betracht.

› www.flixbus.de
› www.busliniensuche.de
› www.fernbusse.de

Mit dem Auto

Auch mit dem Auto ist Kassel sehr gut zu erreichen. Die Stadt ist gleich **an drei Autobahnen angebunden:** außer an die A44 und die A49 auch an die A7, die längste deutsche Bundesautobahn. Sie führt als Nord-Süd-Achse von der dänischen bis zur österreichischen Grenze. Von der Autobahn gelangt man unter anderem über die Bundesstraße 3 in die Innenstadt.

Wertvolle Hilfe für Autofahrer sind folgende Websites, die aktuelle **Straßensperrungen, Staus und Verkehrsbehinderungen** auf den wichtigsten Autobahnen und Bundesstraßen in Hessen anzeigen.

› www.verkehrsservice.hessen.de/
› www.hessenschau.de/verkehr
› www.ffh.de/verkehr

Großer Beliebtheit erfreuen sich auch **Mitfahrgelegenheiten,** auch weil die Fahrten oftmals günstiger sind als mit Bus oder Bahn. Im Internet gibt es mittlerweile verschiedene Plattformen, auf denen man nach einer passenden Fahrt suchen beziehungsweise ein eigenes Angebot inserieren kann. Bei einigen Anbietern muss der Nutzer ein Abo abschließen, andere wiederum sind kostenfrei.

› www.blablacar.de
› www.fahrgemeinschaft.de
› www.mitfahren.de

Autofahren

Die Obere Königsstraße [N3-O1] ist für Autos gesperrt. Ansonsten sind weite Teile im Stadtzentrum auch mit dem Pkw zu erreichen. Im Gegensatz zu vielen anderen Städten in Deutschland gibt es in Kassel (noch) **keine Umweltzonen-Plakettenpflicht.** Wie überall sollte man vor allem in den Stoßzeiten mit Verzögerungen im Verkehrsfluss rechnen.

Für **Elektroautos** gibt es in der Nähe der Innenstadt unter anderem am Friedrichsplatz ❷, Karlsplatz [O3] und Entenanger [P2] **Ladestationen.** Zudem dürfen Fahrer von E-Autos auf allen städtischen Parkplätzen kostenfrei parken – lediglich eine Parkscheibe ist nötig.

Generell gestaltet sich die Parkplatzsituation in Kassel nicht so problematisch. In der Innenstadt steht eine Reihe von **Parkhäusern** zur Auswahl. Sie befinden sich beispielsweise am Friedrichsplatz, in der Kurfürsten-Galerie (s. S. 93), im City Point (s. S. 93), in der Wilhelmsstraße, am Garde-du-Corps-Platz und an der Martinskirche.

P**105** [O2] **Parkhaus Friedrichsplatz,** Ein- und Ausfahrt über Steinweg oder Du-Ry-Straße, geöffnet: Mo.–Sa. 6–24, So. 9–24 Uhr, Preise: 1 € für die erste Stunde, ab der zweiten Stunde 2 €/ Stunde.

P**106** [N2] **Parkhaus Garde-du-Corps-Platz,** Ein- und Ausfahrt über Fünffensterstraße oder Friedrichsstraße, geöffnet: Mo.–Sa. 6.30–22 Uhr. Preise: 1 € für die erste Stunde, ab der zweiten Stunde 2 €/Stunde.

P**107** [P1] **Parkhaus Martinskirche,** Ein- und Ausfahrt über Oberste Gasse, geöffnet: Mo.–Sa. 6.30–22 Uhr, Preise: 1 € für die erste Stunde, ab der zweiten Stunde 2 €/Stunde.

P**108** [N2] **Parkhaus Wilhelmsstraße,** Ein- und Ausfahrt über die Garde-du-Corps-Straße 5, geöffnet: Mo.–Sa. 7–2, So. 11–2 Uhr. Preisbeispiele: 1 € bis 40 Minuten, 1,50 € bis 70 Minuten, 2 € bis 90 Minuten.

Es ist auf allen **öffentlichen Parkflächen** möglich, die Gebühren bargeldlos oder über eine Smartphone-App zu bezahlen. Allgemeine Informationen zu den einzelnen Parkmöglichkeiten, deren aktuelle Auslastung und die Preise findet man unter www.einkaufen-kassel.de oder www.parkopedia.de.

Kleiner Spartipp: Mit der **Kasseler Parkkarte** kann man in der Tiefgarage unter dem Friedrichsplatz vergünstigt sein Auto abstellen. Damit ist das Parken die ersten 30 Minuten sowie von 18 bis 20 Uhr kostenlos. Die Karte kostet nichts und ist grundsätzlich für jeden erhältlich – z. B. im Rathaus oder bei der Parkhausgesellschaft der Stadt Kassel (Neue Fahrt 12).

Barrierefreies Reisen

Kassel ist eine weitgehend behindertenfreundliche Stadt. So wurde ein verstärktes Augenmerk darauf gelegt, den **öffentlichen Nahverkehr** in puncto Barrierefreiheit auszubauen. Mittlerweile sind fast die gesamten Straßenbahnhaltestellen und mehr als die Hälfte der Bushaltstellen **zu Niederflurhaltestellen** umgebaut worden, die ein stufenloses Einsteigen in die Fahrzeuge ermöglichen. Zur Mitnahme von Mobilitätshilfen wie Rollatoren oder Rollstühlen stehen in den Bussen und Bahnen die Mehrzweckbereiche zur Verfügung. Auch in den RegioTrams kann mithilfe der Klapprampe barrierefrei an verschiedenen Bahnhöfen eingestiegen werden. Weitere Informationen finden sich auf der Website der Kasseler Verkehrsbetriebe unter www.kvg.de.

Die **Museen** in Kassel sind **nur teilweise barrierefrei.** So weist die Hessen Kassel Heritage darauf hin, dass es aufgrund der historischen Bausubstanz der einzelnen Gebäude nicht überall möglich ist, einen barrierefreien Zugang zu ermöglichen. In einigen Museen werden darüber hinaus **Audio-Guides bereitgestellt.**

Der **Bergpark Wilhelmshöhe** ist aufgrund seiner Hanglage ausschließlich fußläufig zu erschließen und daher für mobilitätseingeschränkte Personen nur eingeschränkt zugänglich.

Informationsquellen

Infostellen in der Stadt

An der Tourist-Information in der Innenstadt erhält man Informationen über die Stadt und kann unter anderem Hotelzimmer und Stadtführungen buchen, Tickets für Veranstaltungen und Touren erwerben und sich mit Souvenirs eindecken. Eine weitere Anlaufstelle ist das **Besucherzentrum Wilhelmshöhe** (s. S. 62). Hier gibt es Infomaterial nicht nur zum Bergpark Wilhelmshöhe und den dortigen Sehenswürdigkeiten, sondern auch zu Museen und Attraktionen in der gesamten Stadt.

ⓘ**109** [N2] **Tourist-Information Innenstadt,** Wilhelmsstraße 23, Tel. 0561 707707, www.kassel-marketing.de, geöffnet: Mo.–Fr. 10–17, Sa. 10–14 Uhr

Publikationen und Medien

Kassel ist der Hauptsitz der **Hessisch/Niedersächsischen Allgemeinen (HNA),** die in mehreren Regionalausgaben über das aktuelle Geschehen in Nordhessen und Südniedersachsen berichtet. Am Wochenende erscheint die kostenlose Zeitung **Extra Tip.** Das kostenlose und monatlich erscheinende Magazin **Frizz** versorgt seine Leser mit Informationen über aktuelle Veranstaltungen in Kassel und der Umgebung. Ob Kultur, Essen, Architektur oder Umwelt: Mit wechselnden Themenschwerpunkten widmet sich zudem die **Stadtzeit** in ihren sechs Ausgaben pro Jahr den innovativen Seiten von Kassel und der Region.

Seit mehr als 70 Jahren sendet der **Hessische Rundfunk** aus Kassel. Neben dem Funkhaus in Frankfurt ist das Studio in der Wilhelmshöher Allee das wichtigste der Sendeanstalt.

069ka-cl

⊡ *Besucher erhalten in der Tourist-Information viele Tipps*

Meine Literaturtipps

- Rüdiger Edelmann: **Märchenhaftes Kassel und Nordhessen. Herkules, Dornröschen und die sieben Zwerge,** Gmeiner-Verlag, Meßkirch 2016. Der Autor zog 2004 eher unfreiwillig nach Kassel, registrierte aber recht schnell, dass die Stadt und ihr Umland wesentlich attraktiver sind, als einem die verbreiteten Vorurteile weismachen wollen und sie dank der Brüder Grimm auch viel Märchenhaftes zu berichten haben. An 77 märchenhafte Orte entführt der Journalist die Leser in diesem kurzweiligen Buch – mit verblüffenden Geschichten.
- Sabine Köttelwelsch: **Kassel – gestern und heute,** Wartberg-Verlag, Gudensberg 2006. Historische und aktuelle Aufnahmen verschiedener Plätze werden in diesem Bildband gegenübergestellt. Auf informative Art und Weise wird dabei illustriert, wie stark der Wandel ausgefallen ist.
- Peter Ochs, **Kassel – einfach Spitze! 100 Gründe, stolz auf diese Stadt zu sein,** Wartberg-Verlag, Gudensberg 2015. Der frühere Redakteur der HNA schafft es auf etwas mehr als 100 Seiten, einen unterhaltsamen Blick auf die Stadt zu werfen und vergangene und gegenwärtige Attraktionen vorzustellen. Ein ideales Buch für jene, die Kassel noch etwas kritischer gegenüberstehen, denn der Autor legt mal humorvoll, mal liebevoll – aber stets überzeugend – dar, warum die Einwohner stolz auf Kassel sein sollten.
- Christian Saehrendt: **Kassel. Ist das Kunst oder kann das weg? Documenta-Geschichten, Märchen und Mythen,** DuMont Buchverlag, Köln 2012. Wer sich für die Geschichte der documenta interessiert, kommt an dem Buch des in Kassel aufgewachsenen Publizisten und Kunsthistorikers Christian Saehrendt nicht vorbei. Mit viel Witz und Ironie lässt er die wichtigsten Episoden der Kunstausstellung Revue passieren.

Kassel preiswert

Steigende Preise haben auch vor Kassel nicht Halt gemacht – allerdings liegt das Preisniveau im Vergleich zu anderen deutschen Städten auf einem moderaten Level und ist damit noch weit entfernt von den Preisen, die man etwa in Berlin oder München durchschnittlich für Unterkunft und Verpflegung bezahlen muss.

- Gratis den ÖPNV nutzen und Rabatte für verschiedene Kultur- und Erlebnisangebote in Stadt und Umland erhalten? Das ist mit der **KasselCard** möglich. Die Karte ist dabei für einen oder für drei Tage gültig – jeweils für zwei Personen. Der Preis für 24 Stunden beträgt 9 €, der für 72 Stunden 12 €. Für mehr als 30 Museen und weitere Attraktionen erhält man ermäßigte Preise. Erhältlich ist die KasselCard in der Tourist-Information in der Innenstadt (s. S. 116), in den Besucherzentren Wilhelmshöhe (s. S. 62) und Herkules 34 sowie in diversen Hotels.
- Mit dem **Gutscheinbuch Kassel & Umgebung** lässt sich in der Region bares Geld sparen. Das Heft lockt mit zahlreichen attraktiven 2-für-1-Angeboten in den Bereichen Gastronomie, Wellness und Shopping. Man kann es für derzeit 44,90 € unter www.gutscheinbuch.de bestellen oder in verschiedenen Verkaufsstellen in Kassel erstehen.
- Diverse **Restaurants** – beispielsweise Lohmann (s. S. 84) oder Herbstapfel (s. S. 86) – haben eine spezielle **Mittagskarte** mit Angeboten, die oftmals günstiger sind als die üblichen Gerichte. Fragen Sie deshalb auch immer nach der Tageskarte!

Kassel-Apps

- **Kassel Live:** Aktuelle Verkehrs- und Wetterinformationen aus der Region, Livebilder von Webcams, Gewinnspiele, Nachrichten über Events in der Stadt: Mit diesem Nachrichtenticker ist man in Kassel stets auf dem Laufenden (kostenlos für Android und iOS).
- **Bergpark** (Android) bzw. **Bergpark Kassel Wilhelmshöhe** (iOS), s. S. 62
- **NVV Mobil:** Die App ist die mobile Fahrplanauskunft für alle Verkehrsmittel im Gebiet des Nordhessischen Verkehrsverbunds (NVV). Es werden nicht nur aktuelle Verkehrsmeldungen und Abfahrts- sowie Anfahrtstafeln für die einzelnen Haltestellen angezeigt, sondern man kann über die App auch recht einfach Tickets für Bus, Bahn oder Tram erwerben (kostenlos für Android und iOS).
- **HNA:** Wichtige Nachrichten aus der Region, Deutschland und dem Rest der Welt erhält man mit der App der Hessischen/Niedersächsischen Allgemeinen (HNA). Mittels Push-Mitteilungen bleibt man auch auf dem Laufenden, wenn die App nicht gestartet ist (kostenlos für Android und iOS).
- **izi.TRAVEL:** zahlreiche Audioguide-Touren in Kassel sowie dazugehörige Hintergrundinformationen. „Streetart in Kassel", „Ein Rundgang von Kirchturm zu Kirchturm" oder verschiedene Touren zu den 7000 Eichen im Stadtgebiet: Die abwechslungsreichen Spaziergänge sind für all diejenigen etwas, die die besonderen Seiten der Stadt zu Fuß erkunden möchten. Vorher kann man sich in der App über Länge, voraussichtliche Dauer und die Stationen der Touren informieren (kostenlos für Android und iOS).

Die Grimmwelt 20 hat für Kinder einiges zu bieten

Internet

Der regionale Netzanbieter Netcom Kassel stellt in weiten Teilen der Innenstadt ein **öffentliches WLAN-Netz** zur Verfügung. Dazu muss man sein Smartphone oder Tablet mit dem WLAN-Netz „NetcomCity Free" verbinden, wodurch man auf die Login-Seite gelangt. Anschließend muss man nur die Allgemeinen Nutzungsbedingungen akzeptieren, bevor man lossurfen kann.

LGBT+

Kassel ist eine weltoffene Stadt, in der sich die LGBT-Community wohlfühlen kann. In den vergangenen Jahren haben zwar einige Szenelokale geschlossen, dennoch gibt es noch einige Locations, die als Treffpunkt äußert populär sind.

Im **Gleis 1** (s. S. 90) inmitten des Kulturbahnhofs findet regelmäßig die „Sinnlust"-Party statt, die als größte schwul-lesbische Party Nordhessens gilt. Ein weiterer beliebter Anlaufpunkt ist die Kneipe B2.

110 [K2] **B2,** Germaniastraße 13, Tel. 7663737, www.b2-bar.de, geöffnet: Di.-Do. 19-1, Fr., Sa. 19-2 Uhr. Schon seit Anfang der 2000er-Jahre gehört die Bar mit Lounge-Musik zu den Institutionen im Vorderen Westen.

Medizinische Versorgung

111 [N3] **Elisabeth-Krankenhaus,** Weinbergstraße 7, Tel. 72010, www.elisabeth-krankenhaus-kassel.de

112 [fg] **Klinikum Kassel,** Mönchebergstraße 41-43, Tel. 9800, www.gesundheit-nordhessen.de/klinikum-kassel

113 [eg] **Marienkrankenhaus,** Marburger Straße 85, Tel. 80730, www.marienkrankenhaus-kassel.de

114 [N2] **Schwanen Apotheke,** Garde-du-Corps-Straße 7, Tel. 776216, www.schwanenapotheke-kassel.de, geöffnet: Mo., Di., Do., Fr. 8-18, Mi. 8-15, Sa. 10-13 Uhr

Mit Kindern unterwegs

In Kassel gibt es sowohl bei Regen als auch bei schönem Wetter zahlreiche Möglichkeiten, kindgerechte Aktivitäten zu unternehmen.

Ein beliebtes Ausflugsziel ist der **Zoo am Rammelsberg,** der sich Familienfreundlichkeit auf die Fahnen geschrieben hat. Dort haben Kinder

070ka-cl

die Chance, Eseln, Alpakas, Ziegen, aber auch Eulen, Nandus, Flamingos, Schlangen und kleinen Affen zu begegnen. Einige tierische Bewohner dürfen sogar gestreichelt werden. Weiterer Pluspunkt: Ein Besuch des Zoos wird den Geldbeutel nicht zu sehr erleichtern, denn der **Eintritt ist frei.**

★115 [G1] **Zoo am Rammelsberg,** Roterkopfweg, www.zoo-rammelsberg.de, geöffnet: März–Okt. Di.–Fr. 14–18, Sa., So. 10–18, Nov. Di.–Fr. 14–16, Sa., So. 10–16 Uhr

In Kassel gibt es zahlreiche **Spielplätze,** auf denen sich die Kleinen gehörig auspowern können. Erwähnt seien an dieser Stelle der **Spielplatz an der Landaustraße** (M–N4), der mit Rutschenelefant, einem Baumhaus und einem großen Klettergerüst mit Hängebrücke aufwarten kann, sowie der **Abenteuer- und Wasserspielplatz** in der Fuldaaue mitsamt Klettergeräten, Seilbahn und Kletterwand.

S116 [fk] **Abenteuer- und Wasserspielplatz Fuldaaue,** Fuldapromenade, rund um die Uhr geöffnet

Wer sich von der Höhe nicht abschrecken lässt und seine Grenzen austesten möchte, wird im **Kletterzentrum Kassel – Vertical World** (s. S. 124) fündig.

Einen Überblick über Orte, die für Kinder und Jugendliche interessant sind, gibt der **Kinder- und Jugendstadtplan Kassel.** Sämtliche **Spiel-, Bolz- und Skateplätze** sind verzeichnet, ebenso Kinder- und Jugendzentren sowie weitere Veranstaltungsorte.

› www.kassel.de/buerger/familie_und_soziales/kinder-und-jugendliche/kinder-und-jugendstadtplan.php. Zudem kann der Plan in Buchhandlungen, beim Kundenservice im Rathaus und bei der Tourist-Information (s. S. 116) für 5 € erworben werden.

Eine Gelegenheit, die Schlösser, Parks und Museen in Kassel ohne die eigenen Eltern zu erkunden, bietet die **Kinder- und Jugendzeit** der Hessen Kassel Heritage. Hier ziehen die Kinder nämlich in der Regel ohne erwachsene Begleitung los. Entdeckerführungen, Verkleidungsaktionen, aktive Auseinandersetzung mit Kunst: Die Museumsvereinigung hat auch weitere Angebote und Veranstaltungen für Kinder und Jugendliche im Programm.

› www.heritage-kassel.de/besuch/kalender

Wissensvermittlung auf unterhaltsame Art und Weise: Im **Planetarium** in der Orangerie ⑭ werden für Kinder spezielle Vorführungen angeboten, die sogenannte Kinderzeit. Da das Planetarium zum Zeitpunkt der Drucklegung **geschlossen** war, wird empfohlen, sich vor dem Besuch über den aktuellen Stand zu informieren.

Auch im **Naturkundemuseum** ⑫ im Ottoneum gibt es entsprechende Programme für Kinder. Die abwechslungsreichen Angebote beschäftigen sich mit Insekten, Fossilien, Pflanzen und mehr.

Notfälle

117 [N1] **Polizeirevier Kassel-Mitte,** Grüner Weg 33, in der unmittelbaren Nähe des Hauptbahnhofs, Tel. 9102120

› **Notruf:** Tel. 110 (Polizei), Tel. 112 (Feuerwehr/Rettungsleitstelle)

An zahlreichen Standorten kann man sich die blauen Fahrräder von Nextbike ausleihen

Kartensperrung

Bei **Verlust der Debit-/Giro-, Kredit-** oder **SIM-Karte** gibt es für Kartensperrungen eine **deutsche Zentralnummer** (unbedingt vor der Reise klären, ob die eigene Bank bzw. der jeweilige Mobilfunkanbieter diesem Notrufsystem angeschlossen ist). **Aber Achtung:** Mit der telefonischen Sperrung sind die Bezahlkarten zwar für die Bezahlung/Geldabhebung mit der PIN gesperrt, nicht jedoch für das **Lastschriftverfahren mit Unterschrift.** Man sollte daher auf jeden Fall den Verlust zusätzlich **bei der Polizei zur Anzeige bringen,** um gegebenenfalls auftretende Ansprüche zurückweisen zu können.

In **Österreich** und der **Schweiz** gibt es keine zentrale Sperrnummer, daher sollten sich Besitzer von in diesen Ländern ausgestellten Debit- oder Kreditkarten vor der Abreise bei ihrem Kreditinstitut über den zuständigen Sperrnotruf informieren.

Generell sollte man sich immer die **wichtigsten Daten** wie Kartennummer und Ausstellungsdatum **separat notieren,** da diese unter Umständen abgefragt werden.

› **Deutscher Sperrnotruf:** Tel. +49 116116 oder Tel. +49 3040504050
› **Weitere Infos:** www.kartensicherheit.de, www.sperr-notruf.de

Fundbüro

In Kassel befindet sich das Fundbüro im Rathaus:

› **Fundbüro der Stadt Kassel im Rathaus** 1, Tel. 7873066, geöffnet: Mo.–Do. 8–12, 13–17, Fr. 8–12 Uhr

Auch im Internet kann man nach verlorenen Gegenständen fahnden.

› www.fundbuerodeutschland.de

Radfahren

Radfahrer prägen immer mehr das Stadtbild. Bergige Routen und der nach wie vor starke Autoverkehr sorgen jedoch dafür, dass die Stadt weiterhin **kein Paradies für Fahrradfahrer** ist. Im Fahrradklimatest des Allgemeinen Deutschen Fahrrad-Clubs (ADFC) landet Kassel zumeist nur im Mittelfeld. In dem alle zwei Jahre stattfindenden Test verbesserte sich Kassel zuletzt nur unwesentlich. Dennoch ist in den vergangenen Jahren einiges getan worden, um das Radfahren attraktiver zu gestalten. Um den Ausstoß an klimaschädlichem Kohlendioxid zu reduzieren, hat sich die Stadt auf die Fahnen geschrieben, den **Anteil des Radverkehrs** am gesamten Verkehrsaufkommen bis **2030 deutlich zu erhöhen.** Diverse Wege wurden deshalb neu ausgebaut und beschildert und weitere reine Fahrradstraßen geplant bzw. frei-

071ka-cl

gegeben. Räder des Vermieters **Nextbike** stehen überall in der Stadt zum Ausleihen bereit.

Um die Stadt mit dem Fahrrad zu erkunden, bietet sich vor allem die **Entdecker-Runde** an, ein insgesamt 48-Kilometer-Radweg, der durch 18 der 23 Stadtteile Kassels führt. Sowohl die bekannten als auch die eher weniger beachteten Sehenswürdigkeiten der Stadt können dabei erkundet werden. Tafeln entlang der Strecke bieten den Radfahrern Informationen zu den Sehenswürdigkeiten. Der Start ist dabei überall möglich, im Großen und Ganzen verläuft die Route durch ruhige Wohnstraßen oder auf befestigten Wegen in Grünzügen. **Ein Faltblatt** zur Entdecker-Runde mit Streckenverlauf und weiteren Erläuterungen ist kostenlos an der Tourist-Information (s. S. 116) und am Servicepoint am Rathaus erhältlich. Um genügend Zeit zum Entdecken zu haben, empfiehlt es sich, die Tour in mehreren Etappen zu absolvieren.

Eine wichtige Hilfe für Radler in Kassel ist der **Fahrradstadtplan**, auf dem das komplette Radverkehrsnetz der Stadt und der angrenzenden Gemeinden verzeichnet ist. Neben dem Verlauf der Routen sind darin auch Angaben zu Steigungen, schlechten Oberflächen und Gefahrenstellen integriert. Für 4,50 € kann er unter anderem in Buchhandlungen und im Rathaus erworben werden.

› **Nextbike,** Tel. 030 69205046, www.nextbike.de. Rund um die Uhr können per Telefon oder online an mehr als 50 Stationen in Kassel Räder für eine relativ geringe Gebühr ausgeliehen werden. Nach einer Registrierung (telefonisch, per App oder über die Website) stehen die Fahrräder zur Verfügung. Die Preise starten bei 1 € für 15 Minuten und gehen bis maximal 15 € pro Tag.

Sport und Erholung

Eine Stadt am Wasser und mit zahlreichen Parkanlagen – da liegt es nahe, auch mal ein wenig Sport zu treiben. Für **Jogger** gibt es verschiedene Möglichkeiten, sich auszupowern und gleichzeitig einen herrlichen Panoramablick zu genießen, z. B. bei einer Route durch die Karlsaue oder den Bergpark. Doch auch die angrenzende Fuldaaue, der Park Schönfeld, die Dönche und die vielen weiteren Grünanlagen in der Stadt stehen zur Auswahl. Mit dem **Kassel-Marathon** (s. S. 100) findet jedes Jahr im September eine attraktive und herausfordernde Laufveranstaltung statt. Doch nicht nur Jogger kommen in Kassel auf ihre Kosten.

Badeseen

S118 [fk] **Buga-See,** Buslinie 12 bis „Fuldaseen" oder Buslinie 16 bis „Gärtnerplatzbrücke". Baden, Angeln, Windsurfen, Fahrradfahren: Die Freizeitmöglichkeiten an dem 34 Hektar großen Buga-See sind zahlreich. Inmitten der Fuldauae gelegen, zieht der zur Bundesgartenschau 1981 angelegte See jeden Sommer zahlreiche Gäste aus der Region an – und das bei kostenlosem Eintritt. Für Kinder gibt es unter anderem einen Abenteuer- und Wasserspielplatz mit Klettergeräten und Seilbahn. FKK-Anhänger verfügen über einen eigenen Bereich am südwestlichen Ufer. Auch in den kälteren Monaten lohnt sich ein Besuch: Bei ausgedehnten Spaziergängen kann man zahlreiche Wasservögel beobachten.

Wer es sportlich mag, kann sich auch auf der Fulda austoben

073ka-cl

Schwimmbäder und Thermen

S119 [fj] **Auebad,** Auedamm 21, Buslinie 16 bis „Auebad“, Tel. 7823383, www.kassel-auebad.de, geöffnet: tägl. 10–22 Uhr, Eintritt für den ganzen Tag: Erw. 7 €, Kinder/erm. 6 €, Familienkarte 18 €. Das Hallen- und Freibad liegt eingebettet zwischen Karlsaue und Fulda. Der Komplex punktet auch mit einer modernen Saunalandschaft. Zwischen Mai und Ende August hat man die Möglichkeit, draußen Beachvolleyball oder Boule zu spielen. Das Hallenbad umfasst ein Sportbad mit acht Bahnen und ein Familienbad mit einer Riesen-Wasserrutsche sowie Massagedüsen.

S120 [F3] **Freibad Wilhelmshöhe,** Kurhausstraße 31, Buslinien 11, 23 und 52 bis „Freibad Wilhelmshöhe“, Tel. 7823383, www.freibad-wilhelmshöhe.de, geöffnet: Mo.–Fr. 7–19 Uhr, Sa., So. 9–19 Uhr, Eintritt: Erw. 3,50 €, Kinder/erm. 2,50 €, Familienkarte 9 €. Ein ordentliches, sauberes Freibad mit großer Grünfläche, das sogar einmal zum besten Freibad Hessens gewählt wurde.

S121 [F2] **Kurhessen-Therme,** Wilhelmshöher Allee 361, Straßenbahnlinie 1 bis „Wilhelmshöher Allee“, Tel. 318080, www.kurhessen-therme.de, geöffnet: tägl. 9–22 Uhr. Preise s. Website. In der Einrichtung in der Nähe des Bergparks kommen vor allem Sauna-Fans voll auf ihre Kosten. In einer modernen Saunalandschaft stehen ihnen acht Räume zum Schwitzen zur Verfügung. Ein weiteres Highlight: Der orientalisch anmutende Wellnessbereich mit Thermalbecken, Dufttempeln und Ruhebecken. Dazu punktet die Therme mit einem großen Außenbereich.

Wassersport

S122 [O1] **Easy SUP Verleih Kassel,** Grüner Weg 9, Tel. 0176 91461855, www.easysup.de, geöffnet: tägl. 10–21 Uhr. Von Studenten der Universität Kassel betrieben, kann man sich ganz unkompliziert per WhatsApp Stand-up-Paddle-Boards reservieren. Interessenten können je nach Zeit zwischen verschiedenen Tarifen wählen, vom Frühtarif (10–16 Uhr, 19 €/Board) bis zum Tagestarif (10–21 Uhr, 30 €/Board). Wer noch nicht über viel Erfahrung auf dem Board verfügt, kann auch einen Anfängerkurs buchen.

S123 **Fulle-Marie,** Uferstraße 6, Tel. 583647, www.fulle-marie.de. Wer sich auf der Fulda sportlich betätigen möchte, kann sich hier Kanus und auch Boards für Stand-up-Paddling ausleihen. Darüber hinaus können hier auch individuelle Touren auf anderen Flüssen für größere und kleinere Gruppen organisiert werden.

Klettern

S124 [P1] **Element Boulders,** Untere Königsstraße 95, Tel. 89099801, www.element-kassel.de, geöffnet: Mo. 15–23, Di.–So. 9–23 Uhr, Tageskarte: Erw. 14 €, erm. 11,50 €, Kinder 7,50 €. Direkt in der Innenstadt gelegen, verfügt die Boulderhalle über verschiedene Bereiche: Neben einem Hauptkletterbereich auf einer Fläche von 1000 Quadratmetern gibt es auch einen Fitnessbereich und einen Familienbereich für Klein und Groß. Tipp: Die Tickets vor dem Besuch online kaufen, dort sind sie etwas günstiger.

S125 Kletterzentrum Kassel – Vertical World, Lilienthalstraße 23, Straßenbahnlinien 4 oder 8 bis „Leipziger Platz" oder Bus 37 bis „Wohnstraße/AEG", Tel. 5790505, www.verticalworld.de, geöffnet: Mo., Mi., Fr. 10–22.30, Di., Do. 14–22.30, Sa. 10–21.30, So. 10–21 Uhr, Eintritt: Erw. 12 €, Studenten 9 €, Kinder 7 €. Mit einer Wandhöhe von bis zu 18,50 Metern ist Vertical World eine der höchsten Kletterhallen Deutschlands. Auch Bouldern ist hier möglich.

Wintersport

S126 [ej] **Eissporthalle Kassel,** Am Auestadion 1, Straßenbahnlinien 5 oder 6 bis zum Auestadion, Tel. 9289468, www.eissporthallekassel.de, geöffnet: wechselnde Zeiten, Eintritt: Erw. 7 €, Kinder 6 €, erm. 5 €. In der Heimat des Eishockeyteams Kassel Huskies gibt es auch immer wieder die Möglichkeit, auf der rund 30 mal 60 Meter großen Eisfläche Schlittschuh zu laufen und Pirouetten zu drehen. Samstags findet zudem eine Eisdisco statt.

Wenn in der kalten Jahreszeit die **Seen** zugefroren sind, bilden sie eine herrliche Möglichkeit, auf der Eisschicht ein paar Runden mit Schlittschuhen zu drehen. Vor allem der Lac 26 und der Buga-See sind sehr beliebt. Doch Vorsicht: Man sollte sich vorher informieren, ob die Seen tatsächlich freigegeben sind.

Aufgrund der zahlreichen Erhebungen im Umland von Kassel kommen auch **Ski- und Rodelfans** voll auf ihre Kosten. Der waldreiche Naturpark Habichtswald befindet sich unweit des Bergparks westlich der Stadt. Auf der höchsten Erhebung des Areals, dem Hohen Gras, befindet sich ein mit Lift ausgestattetes Skigebiet. Die Piste verfügt über eine Länge von 510 Metern. Mit öffentlichen Verkehrsmitteln (Buslinie 22), aber auch mit dem Auto, ist der Naturpark gut zu erreichen.

Stadttouren

Ob mit dem Bus, zu Fuß oder per Segway – den Möglichkeiten für eine Stadttour scheinen kaum Grenzen gesetzt. Zahlreiche Führungen werden dabei von Kassel Marketing organisiert. Einen detaillierten Überblick erhält man unter www.kassel.de oder bei der Tourist-Information (s. S. 116). Die Hessen Kassel Heritage bietet regelmäßig Führungen Einrichtungen an und auch weitere Anbieter locken mit ihren Touren.

› **Auf den Spuren der Brüder Grimm,** Tel. 0176 54466016, https://stadtfuehrungen-kassel.de. Jacob und Wilhelm Grimm verbrachten viele Jahre in Kassel.

Bei dieser zweistündigen Tour werden Orte besucht, die mit dem Leben und Wirken der Brüder eng verknüpft sind. Tickets: 13 €.

› **Bunkerführung im Weinberg,** Tel. 0175 2865617, http://feuerwehrverein-kassel.de. Die Stollenanlage im Weinberg wurde lange Zeit zur Biereinlagerung verwendet. Während des Zweiten Weltkriegs wurde sie zu einem Luftschutzbunker umgebaut. Der Feuerwehrverein bietet an jedem ersten Montag des Monats Führungen in den Stollen an – dazu sollte man sich allerdings warme Kleidung anziehen. Tickets: 5 €.

› **Eat the World,** Tel. 030 20622990, www.eat-the-world.com. Bei dieser Stadtführung lernt man die kulinarischen Seiten der Kasseler Altstadt kennen. Diverse gastronomische Betriebe werden in drei Stunden besucht – dabei werden nicht nur Köstlichkeiten, sondern auch reichlich Anekdoten präsentiert. Eine Tour, die die Sicht der Besucher auf die Kasseler Altstadt nachhaltig verändern soll. Tickets: Erw. 44 €, Kinder 22 €.

› **Hexen, Geister, Henkersknechte,** Tel. 62233, www.kassel-stadtrundfahrt.de. Bei dieser vierstündigen Tour mit dem „Gruselbus" sollte man starke Nerven haben, denn hierbei werden Orte des Schreckens angefahren. Mythen, Sagen und Legenden werden den Besuchern nähergebracht – inklusive Geschichten über Hexen, Hinrichtungen und Foltermethoden. Tickets: 39 € pro Person.

› **Historisches Kassel,** www.stadtfuehrungen-kassel.de, Tel. 0176 54466016. Kassels bewegte Geschichte ist Gegenstand dieses 90-minütigen Spaziergangs, der jeden Samstag um 14 Uhr angeboten wird. Eine Tour zwischen Vergangenheit und Moderne: Den Teilnehmern des Spaziergangs wird zum einen ein Überblick über die Nachkriegsarchitektur gegeben, die in weiten Teilen der Innenstadt dominiert. Darüber hinaus werden reichlich historische Gebäude passiert, die der knapp 1100-jährigen Geschichte Kassels ein Gesicht geben. Tickets: Erw. 13 €, erm. 10 €.

› **Hop-on-hop-off-Stadtrundfahrt,** Tel. 62233, www.kassel-stadtrundfahrt.de. Die rund 2½ Stunden dauernde Fahrt mit dem Doppeldeckerbus führt an den wichtigen Sehenswürdigkeiten der Stadt vorbei. An den mehr als zehn Haltestellen kann man aussteigen und später weiterfahren. Über Kopfhörer erhält man in verschiedenen Sprachen Informationen zur Stadt und deren Sehenswürdigkeiten. Tickets: Erw. 20 €, Kinder 12 €.

› **Segway-Tour,** Tel. 05661 9083046, www.funmobi.de. Ein großer, aber nicht ganz günstiger Spaß ist die Segway-Tour, bei der man die Stadt zwei Stunden lang auf zwei Rädern erkundet. Tickets: 59 €.

MEIN TIPP

Kassel Greeter

Besonders zu empfehlen sind die Touren der Kassel Greeter. Die ehrenamtlichen Stadtführer legen ihr Hauptaugenmerk nicht auf die typischen Touristenpfade, sondern wollen auch die Ecken und Kanten Kassels präsentieren. Dabei geben die Guides viele praktische Tipps zu Essens-, Ausgeh- oder Einkaufsmöglichkeiten in der nordhessischen Metropole. Sie teilen ihre Erfahrungen, Anekdoten und kuriosen Geschichten. Die individuell gestalteten Touren kosten keine Gebühr. Allerdings freuen sich die Stadtführer über eine kleine Spende. Um eine Tour zu vereinbaren, sollte man sich **mindestens zwei Wochen vorher anmelden.** An dem gewünschten Datum startet dann an einem vorher vereinbarten Ort die zwei- bis vierstündige Entdeckungstour durch Kassel – sei es zu Fuß oder mit öffentlichen Verkehrsmitteln.

› www.kasselgreeters.de

Unterkunft

Das Angebot an Unterkünften in Kassel ist breit gefächert. In der Stadt stehen Betten in allen Preisklassen zur Verfügung, aber auch etwas außerhalb des Zentrums locken empfehlenswerte Hotelbetriebe.

Bei einigen Hotels ist im Übernachtungspreis **ein ÖPNV-Ticket** erhalten, das vom Anreise- bis zum Abreisetag gültig ist und zu Fahrten mit Bus, Straßenbahn und RegioTram im Tarifgebiet der Stadt berechtigt. In den Hotels **im Stadtteil Bad Wilhelmshöhe** wird pro Nacht eine **Tourismusabgabe** in Höhe von 1 € pro Person erhoben.

Empfehlenswerte Unterkünfte

127 [J2] **Adesso Hotel Astoria** €€, Friedrich-Ebert-Straße 135, Tel. 72830, www.adessohotel.de. **Direkt im Vorderen Westen:** familiäres Hotel gegenüber der Friedenskirche mit modernen Zimmern und Suiten auf fünf Etagen. Gutes und preiswertes Frühstück.

Buchungsportale

Neben Buchungsportalen für **Hotels** (z. B. www.booking.com, www.hrs.de oder www.trivago.de) bzw. für **Hostels** (z. B. www.hostelworld.com) gibt es auch Anbieter, bei denen man **Privatunterkünfte** buchen kann. Portale wie www.airbnb.de oder www.wimdu.de vermitteln Wohnungen, Zimmer oder auch nur einen Schlafplatz auf einer Couch. Diese oft recht günstigen Übernachtungsmöglichkeiten sind nicht unumstritten, weil manchmal normale Wohnungen gewerblich missbraucht werden. Einige Städte greifen deshalb regulierend ein.

128 [Q3] **B&B Hotel** €€, Waldauer Fußweg 3, Tel. 574490, www.hotel-bb.com. **In einer ehemaligen Textilfabrik:** gemütliche Zimmer mit Motivtapeten zu Kassel an der Wand. Das preisgünstige Hotel bietet auch Familienzimmer an.

129 [F2] **FischerS** €€€, Wilhelmshöher Allee 336, Tel. 31890, www.fischers-kassel.de. **Wohnen und genießen:** beliebtes Tagungshotel (ehemals Kurparkhotel) am Fuße des Bergparks mit elegant eingerichteten Zimmern und sehr gutem Restaurant. Familiäre Wohlfühlatmosphäre wird in dem bereits in vierter Generation geführten FischerS großgeschrieben. Sehr reichhaltiges Frühstücksbuffet. Entspannung finden die Gäste im gepflegten Wellnessbereich mit Sauna, Solarium und Schwimmbad.

130 [eh] **Foto-Motel** €, Wolfhager Straße 53, Tel. 8616820, www.foto-motel.de. **Unkonventionell und alternativ:** Die Zimmer und Apartments sind allesamt individuell und sehr liebevoll gestaltet. Ein Hingucker sind auch die neuen farbigen Container, in denen Gäste übernachten können. Die Container sind nach Dramen von Schiller benannt. Nette, zuvorkommende Betreiber.

131 [A3] **Gästehaus Sonnenhof** €€, Krähhahnstraße 8, Tel. 93090, www.sonnenhof-ks.de. **Ein Haus mit langer Tradition:** In idyllischer Lage direkt am Bergpark gelegen, kann das Gebäude auf eine bewegte Geschichte zurückblicken. 1913 im Chalet-Stil erbaut, ging es nach dem Zweiten Weltkrieg in den Besitz des Fuldaer Ordens über, der auch das Marienkrankenhaus in Kassel betrieb. Nachdem das Haus in den 1970er-Jahren zum „Erholungsheim“ wurde, kamen

Stars wie Heinz Rühmann feierten im legendären Hotel Reiss ihre Filmpremieren

regelmäßig Geschäftsleute, Tagungsgruppen und auch Prominente wie Vicco von Bülow („Loriot") zu Besuch. Heute bietet das frisch renovierte Gästehaus am Waldrand insgesamt 15 Zimmer, von denen einige mit einer eigenen Terrasse ausgestattet sind.

132 [dh] **H4 Hotel Kassel** €€, Baumbachstraße 2, Tel. 78100, www.h-hotels.com. **Geräumige Zimmer in guter Lage:** Das modern eingerichtete Hotel mit 169 Zimmern und Suiten befindet sich direkt am Stadthallengarten. Schöner Panoramablick vom Wellnessbereich in der 14. Etage, der neben einer Sauna auch ein Dampfbad und einen Fitnessraum enthält. Leckeres, reichhaltiges Frühstück.

133 [O1] **Hotel Excelsior** €€, Erzbergerstraße 2, Tel. 7664640, www.excelsior-kassel.de. **Ideal für Geschäftsreisende:** solide, moderne und helle Ausstattung. In unmittelbarer Nähe des Kulturbahnhofs und freundliches Personal. 2021 wurde das Hotel umfassend renoviert.

134 [N1] **Hotel Reiss** €€, Werner-Hilpert-Straße 24, Tel. 521400, www.hotelreiss.de. **Legendär, aber trotzdem modern:** Nachdem das 1855 erbaute imposante Hotel Kaiserhof im Zweiten Weltkrieg zerstört wurde, errichtete man 1952 an dieser Stelle das Hotel Reiss, in dem im Anschluss zahlreiche Filmpremieren, rauschende Bälle und Varieté-Aufführungen gefeiert wurden. Stars wie Pierre Brice, Hildegard Knef, Heinz Rühmann und Uschi Glas gehörten in dieser Zeit zu den Gästen. Mittlerweile ist das Hotel am Kulturbahnhof grundlegend saniert worden, hat aber seinen unvergleichlichen Charme nicht verloren.

Preiskategorien

Die Preiskategorien gelten für eine Übernachtung für zwei Personen im Doppelzimmer ohne Frühstück.

€	bis 70 €
€€	70–130 €
€€€	ab 130 €

135 [N1] **Hotel Tiffany** €€, Erzbergerstraße 7, Tel. 728070. **Familiengeführt und zentral:** liebevoll eingerichtetes Hotel mit 24 Zimmern in der Nähe des Kulturbahnhofs. Das Hotel punktet mit hell eingerichteten Zimmern und einem umfangreichen Frühstücksangebot.

136 [L1] **Jugendherberge Kassel** €, Schenkendorfstraße 18, Tel. 776455, www.jugendherberge.de. **Viel mehr als Jugendherbergscharme:** ein gutes Ziel, um den Geldbeutel zu schonen. In die-

072ka-cl

MEIN TIPP

Wohnen wie im Märchen

In einem alten Bauernhaus im Stadtteil Bad Wilhelmshöhe befindet sich ein echtes Märchendomizil. Im Apartmenthaus Grimm's Living fühlen sich die Gäste in die zauberhaften Geschichten der Brüder Grimm hineinversetzt. Sei es Aschenputtel, Hänsel und Gretel oder Dornröschen: Jede der sechs Wohnungen ist nach einem Märchen der Grimms benannt – und passend eingerichtet. Viele Details erschließen sich erst auf den zweiten Blick. Jedes Zimmer enthält neben einer Küche auch ein Märchenkochbuch und Bücher der Brüder Grimm. Außerdem gibt es für die Gäste eine Waschküche mit Waschmaschinen, Trockner und Bügeleisen. Das Schneewittchen-Apartment verfügt zudem über eine Sauna.

144 [H2] **Grimm's Living** €€€, Lange Straße 38, Tel. 57435406, www.grimms-living.de

ser Jugendherberge mit Hotelcharakter stehen insgesamt 209 Betten zur Verfügung, die meisten davon in Viererzimmern. Eine Mitgliedschaft im Deutschen Jugendherbergswerk ist nötig.

137 [ek] **La Strada** €€-€€€, Raiffeisenstraße 10, Tel. 20900, www.lastrada.de. **Gut angebunden:** verkehrsgünstig in der Nähe der A49, aber trotzdem ruhig gelegen. Komfortzimmer, Suiten, Apartments: In dem Hotel werden verschiedene Zimmertypen angeboten. Schöner Wellnessbereich mit Schwimmbad, Sauna und Fitnessgeräten.

138 [ek] **Premotel** €, Raiffeisenstraße 2–8, Tel. 506444455, www.premotel.de. **Gutes Preis-Leistungs-Verhältnis:** günstiges Business-Hotel mit großen, modern eingerichteten Zimmern und geräumigen Bädern. Das Hotel wird vom selben Betreiber geleitet wie das angrenzende La Strada.

139 [P2] **Renthof** €€€, Renthof 3, Tel. 506680, www.renthof-kassel.de. **Schlafen in historischem Ambiente:** Im 13. Jahrhundert als Karmeliterkloster gebaut, diente das Gebäude schon als Hofschule, Ritterakademie und als Gerichts- und Verwaltungssitz. Sehr zentrale Lage neben City, Fulda und Auepark. Zimmer teilweise etwas klein, dafür sehr gemütlich. Im Gebäude gibt es insgesamt drei Flügel, die sich jeweils in ihrer stilistischen Ausrichtung unterscheiden. Der Westflügel wird beispielsweise von englischen Stilementen mit starken Farbakzenten und Accessoires dominiert.

140 [D1] **Schlosshotel** €€-€€€, Schlosspark 8, Tel. 30880, www.schlosshotel-kassel.de. **Entspannen im Grünen:** gediegenes und gut ausgestattet Hotel mitten im Bergpark mit 130 Zimmern und Suiten. Gäste können zwischen verschiedenen lukrativen Arrangements mit Zusatzleistungen wählen. Das Hotel verfügt zudem über eine große Spa-Oase mit Saunen, einem Indoorpool und einem Fitnessbereich.

141 [H2] **Schweizer Hof** €€-€€€, Wilhelmshöher Allee 288, Tel. 93690, www.hotel-schweizerhof-kassel.de. **Beliebtes Business- und Tagungshotel:** unweit des Bahnhofs Wilhelmshöhe gelegen. Verschiedene Arrangements, die von Wellness bis zu kulinarischen Angeboten reichen.

142 [O2] **Stadthotel** €€, Wolfsschlucht 21, Tel. 788880, www.stadthotel-kassel.de. **Im Herzen der Stadt:** einfach, gemütlich, günstig – und mitten in der City. Ein Highlight ist die 1950er-Jahre-Suite mit Einrichtungsgegenständen aus der damaligen Zeit.

Camping

143 [ek] **Campingplatz Kassel,** Giesenallee 9, Tel. 7077170, www.campingplatz-kassel.de. **Ein Campingplatz in**

perfekter Lage: direkt an der Fulda gelegen, in unmittelbarer Nachbarschaft zum Staatspark Karlsaue und dem Buga-See. Auch die Innenstadt ist nur rund drei Kilometer entfernt. Das Areal bietet Standplätze zweier Größenklassen und verfügt über einen separaten Wohnmobilplatz. Das gesamte Areal wurde in den letzten Jahren saniert und erweitert.

Verkehrsmittel

Bus und Bahn

Im hügeligen Kassel bietet es sich durchaus an, Bus oder Bahn zu nutzen, um die eigenen Füße etwas zu schonen. 1877 wurde zwischen Wilhelmshöhe und Königsplatz eine dampfbetriebene Straßenbahn eröffnet. Mittlerweile umfasst das Netz acht **Straßenbahn-** und dutzende **Buslinien**, die von der **Kasseler Verkehrs-Gesellschaft** (KVG) betrieben werden.

Neben den herkömmlichen Straßenbahnen gibt es die silbrig-weißen **RegioTram-Fahrzeuge**, die sowohl das Schienennetz der Deutschen Bahn als auch das Straßenbahnnetz befahren und mit denen man ohne umzusteigen in die Regionen um Hofgeismar, Melsungen oder Wolfhagen gelangt.

Busse und Straßenbahnen fahren recht häufig. In der Regel verkehren die zentralen Bus- und Straßenbahnlinien bis circa 23 Uhr, in den Nächten vor Samstag, Sonntag und Feiertagen gibt es zudem spezielle **„Nachtschwärmer"-Fahrten.** Achtung: Einige davon werden in einem Sammeltaxi durchgeführt, die 15 bzw. 30 Minuten im Voraus bestellt werden müssen. Mehr Informationen zu den Linien, Abfahrtszeiten und die Telefonnummern für diesen Service findet man unter www.kvg.de/plaene.

Für Fahrten, die innerhalb Kassels beginnen und enden, gilt die **Preisstufe Stadt Kassel.** Die vierzehn angrenzenden Umlandgemeinden wie Calden, Habichtswald und Fuldatal können mit einem Ticket der Preisstufe **KasselPlus** erreicht werden. **Kinder** bis sechs Jahre fahren kostenlos bzw. zahlen im Alter von 7 bis 17 Jahren für eine Fahrt innerhalb Kassels 1,90 € (KasselPlus 2,40 €). **Erwachsene** zahlen 3 € für eine Einzelfahrt (KasselPlus 3,90 €). Weitere Tickets u. a.:

- **5er-Ticket:** fünf Einzelfahrkarten in einem Block, Erw.: 13,50 € (bzw. 2,70 € pro Einzelticket) innerhalb Kassels, KasselPlus 18 €, Kinder: 7,50 € innerhalb Kassels, KasselPlus 10 €
- **Multiticket:** 8,80 € (Kassel Plus 11,20 €), ab Entwertung 24 Stunden gültig, gilt für bis zu fünf Personen, davon höchstens zwei Erwachsene. Auch als noch günstigeres Single-Ticket erhältlich.
- **Wochenkarte:** 25,50 € (nur als KasselPlus-Version erhältlich), der Preis ist für Kinder und Erwachsene derselbe

Fahrkarten sind am Automaten, beim Busfahrer, im Kundenzentrum der KVG in der Kurfürsten-Galerie oder in einer von 70 Vorverkaufsstellen in Kassel und Umgebung erhältlich. Beim Busfahrer ist nur Barzahlung möglich, wohingegen die Tickets am Automaten auch per Debitkarte bezahlt werden können. Auf den Fahrscheinen ist zudem vermerkt, ob sie **nach dem Kauf noch entwertet** werden müssen. Dies kann man an den einzelnen Haltestellen machen.

Darüber hinaus kann man sich sein Ticket auch ganz bequem per **NVV-App** kaufen (s. S. 118).

› www.kvg.de

Taxis

Taxistände sind über die gesamte Stadt verteilt und im Zentrum unter anderem am Hauptbahnhof, am Friedrichsplatz ❷ und am Hessischen Landesmuseum ㉓ zu finden. Die Grundgebühr beträgt 4 €. Der Preis für jeden gefahrenen Kilometer liegt bei jeweils 2,10 €.

› **Taxi Kassel 24,** Kurt-Wolters-Straße 27, Tel. 0177 8568788, www.taxi-kassel24.de

› **Taxi Schneider,** Tischbeinstraße 110, Tel. 701313, www.taxi-schneider-kassel.de

› **Taxi Service Zentrale,** Am Bettenhäuser Bahnhof, Tel. 88111, www.taxi88111.de

› **Minicar Citycar,** Angersbachstraße 2a, Tel. 811081, www.minicar-kassel.de

Wetter und Reisezeit

Eigentlich ist Kassel zu jeder Jahreszeit und bei jedem Wetter ein lohnendes Reiseziel. Generell ist das Klima in Kassel deutlich milder und wärmer als im nahen Mittelgebirge. Die Stadt befindet sich im sogenannten **Kasseler Becken,** das eigentlich ein Talkessel ist, der von Bergzügen umgeben ist. Deshalb ist Kassel auch gut vor Unwettern geschützt. Am wärmsten ist es im Juli und August, wo die Durchschnittstemperatur jeweils rund 18 Grad beträgt. Tagsüber liegt die durchschnittliche Höchsttemperatur in diesen Monaten bei knapp 24 Grad. Mit vielen Sonnenstunden bietet der Sommer ideale Bedingungen für Wassersport, Baden und ausgedehnte Spaziergänge in den zahlreichen Parks. Doch auch der Winter übt seinen speziellen Reiz aus, vor allem dann, wenn die **zugefrorenen Seen zum Schlittschuhlaufen** freigegeben sind oder der Märchenweihnachtsmarkt zum Genuss von Glühwein einlädt. In der Umgebung von Kassel gibt es für Wintersportfans zudem zahlreiche attraktive Skipisten.

Reisende kommen also in Kassel fast das ganze Jahr über auf ihre Kosten, allerdings muss man in der Stadt und im Umland immer wieder mit **Niederschlag** rechnen. Die meisten Regentage verzeichnet Kassel im Monat Dezember. Die schönsten Reisezeiten sind Sommer und Herbst, wenn in der Stadt viele kulturelle Veranstaltungen locken und die Pflanzen in den zahlreichen Parkanlagen in bunten Farben erstrahlen.

▷ Begrüßt die Besucher vor dem Kulturbahnhof: das Kunstwerk „Man Walking to the Sky" (s. S. 21)

Durchschnitt	Wetter in Kassel											
Maximale Temperatur	3°	4°	9°	13°	18°	20°	23°	23°	18°	13°	7°	4°
Minimale Temperatur	−2°	−2°	2°	4°	8°	11°	13°	13°	10°	6°	2°	0°
Regentage	11	8	11	9	10	11	9	9	9	9	11	13
	Jan	Febr	März	Apr	Mai	Juni	Juli	Aug	Sept	Okt	Nov	Dez

075ka-df

Register

Impressum

Christian Lang

CityTrip Kassel

© Reise Know-How Verlag
Peter Rump GmbH
2., neu bearbeitete und aktualisierte Auflage 2023

ISBN 978-3-8317-3677-5

Printed in Germany

Druck und Bindung:
mediaprint solutions GmbH, Paderborn

Herausgeber: Klaus Werner
Layout: amundo media GmbH (Umschlag, Inhalt), Peter Rump (Umschlag)
Lektorat: amundo media GmbH
Karten: Ingenieurbüro K. Wendler, amundo media GmbH
Anzeigenvertrieb: KV Kommunalverlag GmbH & Co. KG, Alte Landstraße 23, 85521 Ottobrunn, Tel. 089 928096-0, info@kommunal-verlag.de
Kontakt: Osnabrücker Str. 79, 33649 Bielefeld, info@reise-know-how.de

Alle Angaben in diesem Buch sind gewissenhaft geprüft. Preise, Öffnungszeiten usw. können sich jedoch schnell ändern. Für eventuelle Fehler übernehmen Verlag wie Autor keine Haftung.

Bildnachweis

Umschlagvorderseite: ©Andre Hess, stock.adobe.com | Umschlagrückseite: ©Angela Rohde, stock.adobe.com
Umschlagklappe rechts: Christian Lang
Soweit ihre Namen nicht vollständig am Bild vermerkt sind, stehen die Kürzel an den Abbildungen für die folgenden Fotografen, Firmen und Einrichtungen. Christian Lang: cl | Dagmar Fundner: df | Florian Eisermann: fe | Caricatura: ca

Liste der Karteneinträge

Blick vom Bergpark (s. S. 61) auf Schloss Wilhelmshöhe 27 und über die Stadt

Hier nicht aufgeführte Nummern liegen außerhalb der abgebildeten Karten. Ihre Lage kann aber wie die von allen Ortsmarken im Buch mithilfe der Web-App angezeigt werden (s. rechts).

Zeichenerklärung

- ✚ ⊕ Arzt, Apotheke, Krankenhaus
- Bar, Club
- Bibliothek
- Café, Eiscafé
- Denkmal
- † Friedhof
- Galerie
- Geschäft, Kaufhaus, Markt
- Hallenbad
- Hotel, Unterkunft
- Imbiss, Bistro
- Informationsstelle
- Jugendherberge, Hostel
- Kino
- Kirche
- Moschee
- Museum
- Musikszene, Disco
- Parkplatz
- Polizei
- Pub, Kneipe, Biergarten
- Restaurant
- ★ Sehenswürdigkeit
- ● Sonstiges
- Sport-/Spieleinrichtung
- ✡ Synagoge
- Theater
- Vegetarisches Restaurant
- Weinlokal
- Zeltplatz, Camping

- Haltestelle Tram/RegioTram

- Shoppingareal
- Gastro- und Nightlife-Areal
- Stadtspaziergang (s. S. 15)

- ★★★ nicht verpassen
- ★★ besonders sehenswert
- ★ wichtig für speziell interessierte Besucher

Kassel mit PC, Smartphone & Co.

QR-Code auf dem Umschlag scannen oder **www.reise-know-how.de/citytrip/kassel23** eingeben und die **kostenlose Web-App** aufrufen (Internetverbindung zur Nutzung nötig)!

★**Anzeige der Lage und Satellitenansicht aller** beschriebenen Sehenswürdigkeiten und weiteren Orte
★**Routenführung** vom aktuellen Standort zum gewünschten Ziel
★**Exakter Verlauf** des empfohlenen Stadtspaziergangs
★**Updates** nach Redaktionsschluss

GPS-Daten zum Download

Die GPS-Daten aller Ortsmarken und des Spaziergangs stehen auf der Produktseite des Titels auf www.reise-know-how.de zum Download zur Verfügung.

Stadtplan für mobile Geräte

Um den Stadtplan auf Smartphones und Tablets zu nutzen, empfehlen wir die App „Avenza Maps" der Firma Avenza™. Über die Funktion „Store" kann die „Citymap Kassel 2023" kostenlos geladen werden.

Die Information über und die Bereitstellung von digitalen Zusatzinhalten (z. B. Web-App, Links, GPS-Tracks o. Ä.) ist eine freiwillige Zusatzleistung des Verlages, auf die kein Anspruch besteht und für deren Richtigkeit aufgrund der Veränderlichkeit solcher Informationen auch nicht gehaftet werden kann. Insbesondere behält sich der Verlag deshalb vor, die Bereitstellung und die Zugriffsmöglichkeit zeitlich zu befristen und den Zugriff hierauf auch vorfristig abzuschalten.

Liniennetz KasselPlus

NVV — R RT Tram BUS AST

Legende / *Legend*

- Tarifgebiet NVV — *fare zone NVV*
- Tarifgebiet KasselPlus — *fare zone KasselPlus*
- Tarifgebiet Stadt Kassel — *fare zone Kassel*
- Bediengebiet Schaddel — *operating area Schaddel*
- RB1 RE30 — RegionalExpress / RegionalBahn (RE/RB) mit Endstation — *local train / interurban train with terminal stop*
- RT5 — RegioTram (RT) mit Endstation — *tram-train with terminal stop*
- 1 — Tram mit Endstation — *tramline with terminal stop*
- 2 — Tram einzelne Fahrten mit Endstation — *tramline, temporary service with terminal stop*
- 10 — Bus / StadtBus mit Endhaltestelle — *busline with terminal stop*
- 92 — AnrufSammelTaxi (AST) mit Endhaltestelle — *hailed shared taxi (replaces bus, operation on demand)*
- Bus einzelne Fahrten mit Endhaltestelle — *busline, temporary service with terminal stop*
- Haltestelle mehrerer Linien — *stop of several lines*
- Haltestelle noch nicht barrierefrei — *stop not barrier-free*
- ► Melsungen — Linie fährt weiter Richtung … — *line continues in direction of …*
- 10 — Bediengebiet "Schaddel". Weitere Informationen unter www.kvg-schaddel.de — *Operating area "Schaddel". For more information, see www.kvg-schaddel.de*

Auskünfte und Informationen
Any questions?

NVV-ServiceTelefon *NVV-ServicePhone*
gebührenfrei *free call*

0800-939-0800

Täglich von 5 bis 22 Uhr, Freitag und Samstag bis 0 Uhr erreichbar.
Available daily from 5 am to 10 pm, on Fridays and Saturdays until midnight.

www.nvv.de *www.nvv.de/en*

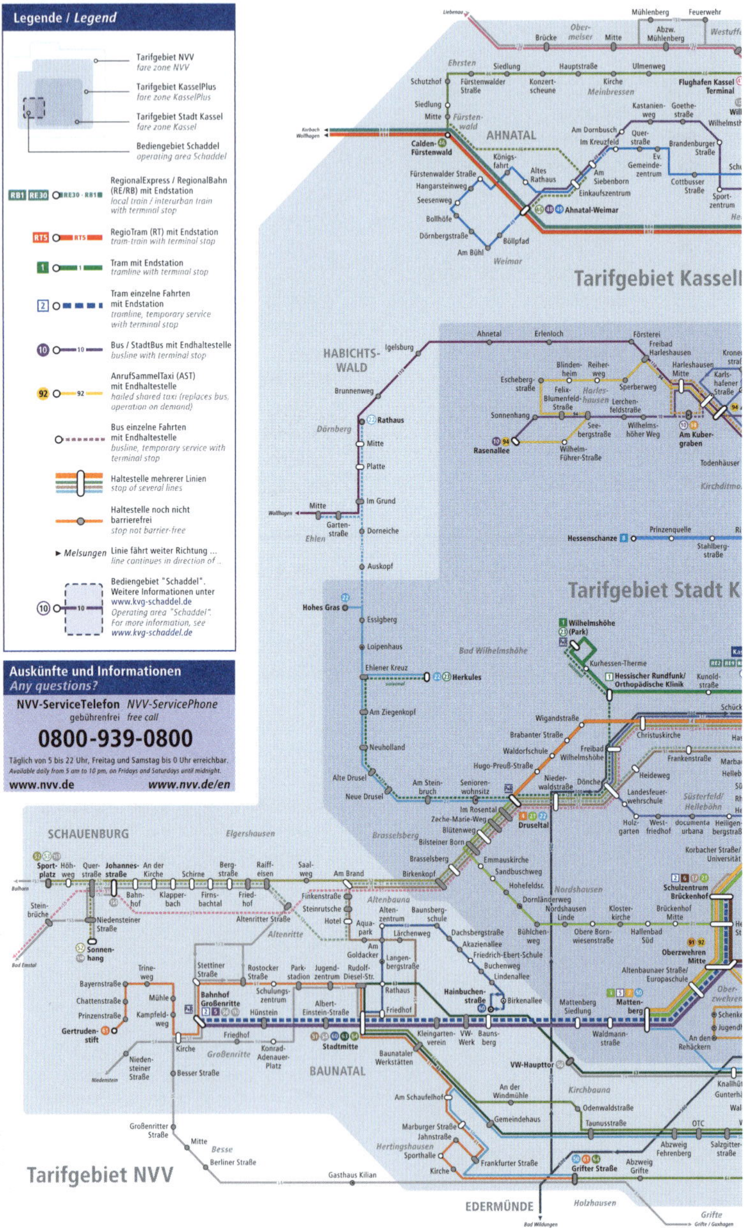